总裁魅力学
袖珍版
曾仕强 ◎ 著

北京联合出版公司
Beijing United Publishing Co.,Ltd.

图书在版编目（CIP）数据

总裁魅力学：袖珍版 / 曾仕强著 . —北京：北京联合出版公司，2021.5
　ISBN 978-7-5596-4872-3

Ⅰ . ①总… Ⅱ . ①曾… Ⅲ . ①企业领导学—通俗读物 Ⅳ . ①F272.91-49

中国版本图书馆 CIP 数据核字（2021）第 038137 号

总裁魅力学：袖珍版

作　　者：曾仕强
出 品 人：赵红仕
选题策划：北京时代光华图书有限公司
责任编辑：管　文
特约编辑：太井玉
封面设计：新艺书文化

北京联合出版公司出版
(北京市西城区德外大街 83 号楼 9 层　　100088)
北京时代光华图书有限公司发行
天津市祥丰印务有限公司印刷　新华书店经销
字数 126 千字　880 毫米 ×1230 毫米　1/64　5 印张
2021 年 5 月第 1 版　2021 年 5 月第 1 次印刷
ISBN 978-7-5596-4872-3
定价：58.00 元

版权所有，侵权必究
未经许可，不得以任何方式复制或抄袭本书部分或全部内容
本书若有质量问题，请与本社图书销售中心联系调换。电话：010-82894445

序

　　自古以来，当老板就很不容易。当老板可能有两种完全不一样的结果，一为成事，一为败事。成事的老板，把事业创立起来，然后宏图大展，还能够生生不息；败事的老板，则刚好相反，把员工带坏，浪费人家宝贵的人生，而且危害社会大众，破坏社会秩序，还要祸及后代！

　　当大老板更不容易，大企业规模庞大，人员复杂，事务众多。若是要求赚钱、保持健康、留存好名声三方兼顾，那就更加困难。总裁,意思是总合而决裁之,做出最终决定,没有人能够加以改变。

21世纪经济环境快速变化,企业目标模糊化,市场不明确,信息过剩更使得组织成员不容易建立共识。在这种情况下,有些总裁虽然把事业经营得十分成功,但把自己累坏了。失去健康,财富还有什么价值?

有些总裁注意保健,知道通过众人的帮忙,把事业做起来,却由于过度使用人力,成为大家畏惧、咒骂的"甘蔗压榨机",榨干了员工的血,便加以丢弃。久而久之,失了好名声。

某些名望甚佳的总裁,会说不会做。在公开演讲中,声称自己如何如何,说完之后,赶紧交代干部不可以在外面泄底,因为实际上他并非真的如此。写成传记,也多半报喜不报忧,自己看着都觉得不好意思。某些心地善良的老板,又常常被下属气得半死。许多总裁为了事业失去家庭的温暖、忽略子女的教育,或者缺乏知心朋友。无论哪一方面的损失，都可能造成无法弥补的遗憾。

许多总裁各方面都很成功，但是因为不了解"阶段性调整"的必要性，未能把握"此一时也，彼一时也"的差异，无法及时改变，可能一夜之间从成功的巅峰掉入痛苦的深渊。

有一位总裁，当公司盛极而衰时，发现下班后偌大的公司，只剩下自己孤零零一个人，感叹说："从前不是这样的！"他显然不明白，初创时期大家下班不回家，聚在一起热烈讨论问题是好现象，而今老将们白发苍苍、牙齿松动，下班后希望回家安静下来，也是十分正常的。

总裁的观念不正确，有时会误人误己。有一位总裁对我说过："做人有什么意思？在家骗妻儿，出门骗朋友；在公司骗员工，到外面骗客户。"如果真的是这样，当然很悲哀。

总裁的言行不检点，经常会害人害己。有一位总裁在晨会时放出狠话："大家看我手中握的这一大沓求职信，你们最好认真一点。"结果有路可走的员工都离他而去,留下来走不掉的人,只好讨好总裁,最后害死总裁自己。

看来,总裁真的不好当。

干部可以常常去听课,美其名曰"充电"。总裁忙碌,无法去听课;有时候脸拉不下来,也不好意思去听。干部愈充电,电力愈强;总裁整天放电,久了电力更弱,形成企业界另一种"脑体倒挂"的怪现象。

有一些总裁认为自己白手起家,已经是无师自通,哪里还需要学习?殊不知就是由于不学习、不看书、不听课,才身处危地,随时有掉入深渊的危险而不自知。

这时候,有一本随时可以翻阅,能够当作参考的总裁学,相信可以解决很多问题,解除许多困惑。

依据《易经》"天、地、人三才之道",总裁应该"替天行道",顺天应人,也就是秉持"天之道"来知人、用物。

对总裁而言,开创固然重要,守成也十分要

紧。无论创业守成，最好都能够立于不败之地。

我衷心希望，社会上有愈来愈多好总裁，能够尽到社会责任，为社会和谐发展尽一份责任。

写作过程中，受到父母、师长和朋友的鼓励，很多总裁也将宝贵的亲身经验，不吝传授给我，在此特为感谢。希望已经当总裁、将要当总裁，以及不想当总裁却想知道怎样才算是好总裁的朋友，能够喜爱本书，并且多多指教。

曾仕强
于兴国管理学院

前言

一生之中能够担任总裁,可以说机会十分难得,并不是一般人所想象的那么容易。就算是家庭遗留下来的位置,事实上也需要经过一番奋斗,不可能凭空坐享其成。

我们常说创业维艰,守业也实在不易。无论是创业还是守业时期的总裁,都各有其难处,并非局外人所能够分担。我深信,经过用心的学习、细心的调整,以及好心的判断,各位总裁都可以成为享福的总裁。

总裁的用心,说起来也很简单,就是建立自己的信心,将《易经》所说的道理用在经营、管理上,便能收到成效。

用《易经》的道理进行经营管理,能够有效地改变自己的命运,提高经营的绩效,增加管理的效益,对大家都有好处。把《易经》的道理应用在经营管理方面,使其成为总裁修己安人的依据,也是改变命运的法宝。

我相信大部分总裁都已经在依据《易经》的道理行事,或者不知道自己的所作所为,已经暗合易理。因为长久以来,我们已经把深奥无比的《易经》,简化成很多广泛流传的俚语,在日常生活中,潜移默化地影响着我们。

什么叫自然?不知其所以然,却能够在言行上表现出来。这种不知其然而然,才叫自然。自然表现出来,就称为率真。因为《易经》所说的道理,原本是宇宙之间早已存在的事实。我们是宇宙的一部分,只要率真,不作假,不存心变花样,大多合乎易理。

总裁的细心，最好表现在不要立即做出反应。凡是听到的或者看见的，不经过大脑思索，马上接受或拒绝，便是不够细心。是不是应该想一想，经过一番反复思考，甚至尝试一下，看看是不是合理？至少也要动动脑筋，想想怎样言行才不致引起反弹或抗拒？

我建议，总裁要做出任何改变，都必须预先想好步骤，考虑可能出现的反应。然后按部就班，逐渐加以调整，以期事缓则圆，获得圆满效果。

调整的结果，总裁都要以好心的标准来加以判断。好心就是我们常说的良心，也就是合乎天理的心态。

摆在总裁面前的，说起来有两件事：一是回顾，一是前瞻。回头看从前，看到经历过的种种艰难；向前看未来，是不是一片光明呢？

未来是不是光明取决于我们的目标是不是光明正大。总裁以仁义为目标，自然凭良心来判断调整的结果,产生良好的成效。

总裁的仁义,必须安放在自己心中,而不是向外求取。孟子说过:"由仁义行,非行仁义。"总裁最好以仁义作为判断的标准,而不是向外标榜仁义,或者把仁义用来包装自己的言行。

我期望总裁能够首先厘清自己的经营理念,立定替天行道的志愿,分清楚应该做的和不应该做的,以求立于不败之地。我更期待总裁能够成为仁义的总裁,而不仅仅是有权威、能赚钱的企业英雄。

目录

01 第一章 总裁必备的观念

中国的企业重视集团性 　　002

总裁不能专制 　　004

总裁要以无为师 　　005

02 第二章 总裁必备的修养

总裁应有的三种境界 　　010

总裁要树立三大目标 　　015

总裁要牢记三句金言 　　020

总裁要用好三张嘴 　　023

第三章　总裁要"替天行道"

以天道为准则	030
关键在于领悟"善变"	035
总裁要培养前瞻力	040
总裁要崇尚虚静不争	043
总裁必须虚怀若谷	047
总裁最好自然无为	051

第四章　总裁要掌握整体

组织分为三阶层	058
各阶层有不同使命	062
高阶要"清楚地含糊"	069
中坚要"清清楚楚地清清楚楚"	075
基层要"含含糊糊地清清楚楚"	084

第五章　总裁要知人

要知人必先善于观人	092
公司里的三种人 —— 出世的观点	102
公司里的三种人 —— 入世的观点	107
总裁客观对待员工的能力差距	112
亲亲尊尊还要能贤贤	117
当总裁最有机会修行	121
救人、教人远胜于"杀人"	124

第六章　总裁要善任

善任是总裁最要紧的能力	128
用人的最高标准在于平淡	134
不能重用偏才	139
通才的重要性	144

07 第七章　总裁的六大任务

礼遇顾问　　　　　　　　152

配合趋势　　　　　　　　157

重视基层　　　　　　　　162

训练中坚　　　　　　　　166

注意公关　　　　　　　　172

维护家庭　　　　　　　　177

08 第八章　总裁应该做的

不多讲大家便能体会　　　182

不多做大家便能努力　　　188

不多管大家便能自动　　　193

不授权大家便能负责　　　196

不紧张大家便能快速　　　201

不发威大家便能谨慎　　　206

第九章　总裁不应该做的

不要独断独行	212
不要事必躬亲	217
不要纵容亲信	223
不要鼓励员工对立	228
不要迫害功臣	231
不要冤枉好人	236

第十章　总裁如何立于不败之地

掌握形、势、情的变化	242
有效领导促成团结	250
促使大家同心协力	257
关怀导向以得人心	265
不能牺牲人来完成工作	266
时时保持合理心态	276

后记

第一章

总裁必备的观念

人是观念的动物,有什么样的观念,就会表现出什么样的行为和态度。总裁的经营态度和管理行为,对企业兴衰的影响力巨大。所以,总裁的经营理念对企业的发展至关重要。

中国的企业重视集团性

西方的企业总裁权力很大,表示他是公司的领袖。由总裁来领导一个集团,创造一家公司的业绩。总裁位高权重,有时可以把一个员工的家庭弄得妻离子散,甚至把员工逼到穷途末路。因为权力使人腐化,通常人掌权三年,就很容易变得愚蠢。就算总裁原先很有智慧,也可能愈来愈糊涂。因此,西方企业的总裁通常任期不会太久。很多企业更是由于重大决策失误,以致公司经营遭遇巨大挫折,甚至面临倒闭,不得不更换总裁。任期不长,使得西方总裁更容易急功近利,缺乏长期设想。反正他离职以后,公司情况如何演变,对他来说已经不重要。

钱穆指出,在中国人的观念里,英雄不适宜担任领导人。英雄性人物不容易成就大事业，项羽失败的教训应引以为戒。

我们相信，任何性质的集团必有一位领导人作为领导中心。比较起来，西方人英雄性大于集团性，我们是集团性大于英雄性。所以每一集团中的领导人，不容易显现其英雄性。我们的领导人常常心胸广阔，包容一切，把舞台让出来，使得核心干部能够充分发挥其英雄性。譬如汉高祖和韩信，高祖是集团的领导人，韩信只是高祖的得力干部，但是韩信的英雄性表现反而多于汉高祖。因为在中国历史上，领袖如果有太多个人英雄表现，就不容易礼贤下士，构建庞大而坚强的集团，不容易把事业做大。

不知道您喜欢做一位英雄性大于集团性的总裁，还是宁愿干部的英雄性表现多于自己，成为一位集团性大于英雄性的总裁？我只能够建议，为求企业持久经营发展，总裁在自身英雄性和集团性比例上，最好做出合理的调整。自己当然是领导中心,但是缺乏集团的力量,这个中心很不稳固。若是不幸遇到强大的挑战,还不能反败为胜,那就是很大的遗憾!

总裁不能专制

总裁不动如山,企业才能够稳如泰山,不容易出问题。首要条件便是总裁不能专制。集团中有各种人才,各有专长,而且能够放心表现。总裁能够充分尊重这些人才,放手让大家好好表现,一如当年的汉高祖、唐太宗。

说起汉高祖,我们一定会想起萧何、张良、韩信,因为这是一个集团。在这个集团中,萧何是后勤,张良是参谋,而韩信则是大统帅,可见我们早就有了分工合作的概念。大家都因共同的理想聚集在一起,以汉高祖为领导中心,各自发挥专长。

唐太宗的贞观之治,建立了大唐帝国的基业。

他重用魏征和王珪担任谏议大夫,房玄龄和杜如晦策划典章制度,逐渐将创业体制转化为守成体制。可谓知人善任、适才适所,造就了一个强而有力的集团。

总裁要以无为师

《道德经》第四十章:"天下万物生于有,有生于无。"有,就是具有,也就是存在。无,表示没有,不存在。天下万物当然都是存在的,所以生于有。然而天下万物还没有生出来的时候,宇宙便已经存在了,那时一切都无。这种准备生出万物的状态,即称为无。由于万物都从这里产生,所以说有生于无。

就我们的行为来看,"有"就一定要有表现,有作为。但是我们的努力是有限的,而天下事务是无穷的。我们怎么用有限的人力来掌握无穷的事务呢？总裁如果坚持要有所表现，有所作用，以总裁一己之力，能够把整个公司所有事务都做得很妥当吗？如果一定要这样，岂不是自讨苦吃？

反过来看，我们若从无的原则，不表现、不作为，情况便完全改观。不表现、不作为并不是停止不动，而是明智地面对自己的"有限"，不要妄生枝节地画蛇添足，一切顺应自然，表现出真正的聪明。

总裁最好明白，既然担任这个职务，就容易时时刻刻都想有所作为，甚至为了自己的利益而与别人斗争，控制不了自己。这样一来，表面上可能有所得，实际上却失去得更多。看懂了这个道理，便应该端正自己的方向，把原本朝向"有"变成朝向"无"。换句话说，要先忘了自己，特别是忘了自己的利益，才能够立公心，凡事为公司的利益着想。

总裁抱持着"有"的原则，员工就会觉得总裁所想的都是出于自己的立场，因而兴起抗争的念头。凡是总裁主张的，员工马上会想到，一定和员工的利益相违背，以致不假思索，马上产生抗拒反应。这种逢总裁必反的情况，对总裁十分不利。

反过来说，总裁抱持"无"的原则，把自己和员工融合在一起，不再是员工抗拒、攻击的目标。这时候总裁所说的，员工会认为对自己有利，因而欣然接受。这对于命令的下达、执行当然有很大助益。

"有"是冲突、对立、抗争的诱因，"无"则是和谐、互助协力的根源。总裁以无为师，才能够有效无中生有，做到"无为而无不为"。

无不为并不是无所不为。总裁若是无所不为，员工便会无所为。大家都坐在那里等待命令，以便一个口令一个动作地应付应付。组织内充满了被动、消极的气氛，实际上大多是总裁无所不为造成的。

无为并不能无所不为，因为无所不为会把无为的动力消耗殆尽。无为具有任何发展演变的可能性，却不能突破有限的时间和精力来因应庞大、复杂的无所不为。

总裁无为，主要用意在尊重员工的为所应为。各人在不同的角色扮演上，做好各人应做的事，所以能够无不为。唯有总裁无为，大家才能够不受干扰地无不为。这是无中生有的奥妙，要好好加以体会。

总裁身居高位，面对的因素既多且广，产生的变化远比员工多。如果把话说得十分精确，对于当前的目标固然有利，但是只要有变化就势必非改变原先的话不可。这样一来，便朝令夕改，大家都很不服气。为了避免朝令夕改，总裁常常把话说得含糊一些，替自己留有余地。何况有些事根本不能讲求精确。总裁最好心里有数，有些事务可以求精准，要求员工追求精确，同时也要明白，很多事务不需要，也不可能求精确，就不要要求员工在这些方面采取精确的态度。有为与精确基本是好的。只是不能过分，以免产生若干流弊，反而带来不良后果。

第二章

总裁必备的修养

　　总裁厘清了必备的观念后,还需要进一步提高自我修养。我们提出四个方面,分别为三种境界、三大目标、三句金言及三张嘴巴,请总裁依照进行自我评估。

总裁应有的三种境界

总裁有甘有苦

总裁就是通常所说的老板。有人用"宁为鸡首,毋为牛后"来推断中国人喜欢当老板,这不但断章取义,而且有误导的嫌疑,会使得一些年轻人以为只有当老板才神气。

其实,中国人一方面喜欢当老板,一方面也喜欢成为好老板赏识的诸葛亮。很多人是喜欢当老板,也有很多人是找不到好老板,不得已才自己当老板。

当老板有甘也有苦,有乐趣也有辛酸。当老板的风险很大,又要负起完全责任,时时刻刻都很担心。虽然说股份有限公司资金分散,好像是风险共担,但毕竟总裁要总管全局,因而很难放下心来。

有时候老板急,下属似乎并不急。老板认真,下属好像并不认真,令人越看越气恼,越想越心烦。尽管大声呼喊"大家要以厂为家,同心协力",员工的反应却不甚热烈。

做总裁的下、中、上策

都是做总裁的,不过,有的人累得要死,公司还老是出事;有的人却做得有滋有味,时常去度假,公司发展得顺风顺水。为何差别如此之大?

事必躬亲是下策

总裁凡事都亲自动手,十分辛苦、忙碌,这是下策。总裁还要凡事身先士卒,弄得忙碌不堪、辛苦劳累,真是何苦来哉!最令人气结的是经营的人够辛苦,领钱的人却当观众。

总裁以身作则是指修养,而不是指工作。总裁品德良好，足以作为大家的表率，这就够了。至于工作方面，必须专职分工，让各部门人员充分发挥自己的能力。总裁管得太多，大家反而不能放手去做，有害无利。

有人分劳是中策

有人分劳是指总裁只要掌握原则即可，员工便能用心去做事，这是中策。

总裁明白知人善任的道理，因而把自己的时间和精力花在了知人上面。先了解下属的长处，再委任其合适的工作，做到善任。便可以把事必躬亲变为群策群力。但是凡事都要总裁来掌握原则，这样的企业规模就很难做大。

各人尽责是上策

各人尽责是指员工凡事都做得很好，总裁不需要操心，只要到处表示赞美和感谢就可以，这才是上策。

总裁有权而不必用权，员工都知道自己应负的责任，而且能够用心把工作做好。彼此合作，又能处处尊重总裁的面子。这可能吗？当然是可能的。不过，要做到这样，总裁先要整理清楚自己的头脑。

总裁的三阶进程

勤教

首先，总裁必须勤教。认清企业的成败在人，任何经营，唯有获得适当的人才，才会有进一步发展。虽然企业的组织和经营方法非常重要，但是要发展企业，还是要依赖优秀的人才。

要当好总裁，应该先寻觅适当的人才细心培育。问问自己："本企业究竟是为了什么而存在？"如果是为了赚钱，那么成员有利可图时会留下来，利的诱因不足时会跳槽而去，便是十分自然而合理的。

总裁以安人为企业存在的根本目的，要经常向员工说明安人的理念，确立"安老板、安员工、安顾客、安社会"的原则，使大家彻底懂得，并真正付诸实践。

委任

其次,总裁必须委任。要有胆识把合适的工作委任给下属,使他们有自己的责任,让他们在责任范围内独立思考、应变。

总裁要有基本原则,并且彻底掌握下属实际工作状况。不可随意放任,以免企业零乱失调。但是总裁如果处处用命令来指使下属,下属就会被动地遵守命令,无法自动自发。总裁将工作委任下属去处理,从委任中训练其思考力与创造力,下属才能够在自动自发中与组织同步成长。

感谢

最后,总裁必须感谢,即要放弃高高在上的心理,放弃指挥监督的权力,内心充满对下属的感谢之意。没有他们,自己会累得半死;没有他们,自己根本不像老板。仅凭一己之力,力量十分单薄。

人必须群居就是因为需要互助,而不是盲目地彼此竞争或抢夺。任何人都要依靠社会的协力才能防卫自己,与家人和朋友过着幸福的日子。我们对国家、社会，应该抱着感谢的心情。总裁对员工也应该以感谢的心情来欣赏他们的品格和业绩，而不是根据自己的好恶来无情批评，或者盛气凌人地摆出老板的架子。

总裁要树立三大目标

赚钱

老板要赚钱是天经地义的事情。我们不必把"重义轻利"挂在嘴上，却也不需要提醒大家"做企业不是做慈善"，因为这是谁都明白的道理。

重义轻利是孟子的重要主张之一。但是，他并没有绝对否定利。这一点必须加以澄清，才能消减老板赚钱时衍生的罪恶感。

孟子说："周于利者凶年不能杀，周于德者邪世不能乱。"一个人生财有道，谋利周到，一旦积聚丰厚，遇到荒年也可以避免饥饿而死。孟子承认利的好处，在这里说得相当清楚。他轻视不合于义的利，却重视合于义的利。可见孟子的重义轻利是相对的。义和利都重要，只是比较起来，义应该重于利，这才是孟子的真正用意。

赚取适当的利润，乃是老板的第一大目标。适当的利润便是正当赚钱。老板正当赚钱，企业才能发展。老板赚取利润，缴纳更多的税，对于社会的繁荣，也有很大的贡献。

赚钱不但是目标，根本上是一种责任。就算老板很有钱，不在乎赚不赚钱，仍不可抱着玩票的心态，存着"有也好，没有也好"的心理。因为不赚钱，就是资源的浪费。把可以生利的资源白白浪费掉，简直是不负责任。

赚来的钱怎样处理也是总裁必须考虑的重要课题。美国的总裁，出于英雄主义立场，把赚来的钱分给主要干部，当然自己分得最多。这样员工就认为不公平、不合理，甚至感到被剥削，引起劳资冲突、彼此对立，不断有抗争。可见赚钱很不容易，如何把赚来的钱合理处置也十分困难。

惜命

中国人的心思说起来十分简单，那就是"贪财、怕死、爱面子"。这并没有什么不对，只要都做到合理的地步，便合乎中庸之道。

如果大家都不贪财，还奢谈什么经济发展？贪财贪到合理的地步，就叫赚取适当利润，是追求合理的利，并无不对，而且值得鼓励。

如果有一个人真的不怕死，我们反倒要怕他了。但是，死是人生的一件大事，也是每个人的最后结局。过分怕死便是不了解人生真谛，什么事情也不敢做，活着又有什么意义？

孔子说："未知生，焉知死。"我们活着时的道理都不清楚，怎么能知道死后的情形呢？儒家认为人活着一天便应把一天应该做的事情做好，对于将来的必死，根本用不着担心。只应关心生，不必想及死。

事情未做完不可以死，这并不是怕死，而是担心事情还没有做好。老板的任务重大，不可以半途而废。为了顺利完成理想，必须合理地怕死，注意健康，使自己随时保持旺盛的精力，才能有充分的把握发展事业。

有人说生命不在乎长短，能不能产生价值更重要。这句话不适合总裁。总裁的生命当然很有价值，多活几年才可以做出更多贡献。可以赚钱，但不能用生命来交换钱财，这是不可违背的大原则。

留名

中国人除了贪财、怕死外，还爱面子。

如果一个人连面子都不爱，那他会爱什么呢？我们常常厌恶别人爱面子，却不知道自己也处处爱面子。人只要有一些自知之明，就不会否认自己爱面子。爱面子要爱得合理，不要死爱面子。

其实,爱面子不如爱脸。中国人骂人"不要脸",是最严重的侮辱。因为"不要脸"等于不讲理,不讲理的人是中国人最看不起的人。爱面子爱得合理,就等于要脸。要脸的人,必然非常重视声誉。做人要留下好名声,老板当然也不例外。

经营企业的人必须重视商誉。商誉代表企业的信用,让顾客觉得不吃亏、让社会大众觉得不讨厌、让员工不觉得没有面子,就是商誉。

时常探索顾客的需求,依循顾客的心声来经营。主动关心社会、回馈社会,多做有益社会的事。对于员工的面子,也要多方顾及,不要由于产品低劣、价格偏高,甚至垄断市场等因素,让员工受到指指点点。

总裁在位的时候,很难看出自己的名声究竟好不好。一旦退职,就会发现一夜之间大家都不理会自己了。这时候才明白,自己的名声竟然差到这种地步,恐怕已经后悔莫及了。

随时留意自己的名声才能确保声誉。企业的商誉要紧，总裁个人的名誉也很重要。钱要赚，生命要顾，名声也要留。

总裁要牢记三句金言

总裁有钱财、权势，欠缺的是逆耳忠言。我们以低姿态来提出对总裁有益的修养纲领。总裁如果听不进去，我们也已经尽了心；若是总裁听懂了，明白那是宝贵的教训，便收到了互惠的效果。

总裁要凭良心做事

总裁最要紧的修己功夫便是时时刻刻提醒自己要好心，也就是一切凭良心。

总裁最大的本领在知人善任。通过知人善任，才有办法结合他人的头脑和金钱来开创有利的事业。问题就在"有利"上。合于义的利是有利，不合于义的利并非有利。怎样判断利合不合义呢？这就牵涉良心。良心能安便合义，良心不安就不合义。

总裁若是只知道用自己的头脑和资金来经营企业，规模不可能大，贡献也相对减少了。

用人也是一样，愈高明的总裁，所用的人愈有才能。事业做得愈大，通常所用的人也愈多。

总裁必须善用他人的头脑和资金，因此凭良心或不凭良心成为关键。不凭良心的总裁压榨他人的脑力，欺骗他人的金钱，把经营成果中饱私囊；凭良心的总裁适度运用他人的脑力，合理运用他人的金钱，把经营成果分享给有关的人。

总裁要有能容人的度量

总裁除了好心外，还需要有容人的度量。包容他人的长处，才能够发挥他人的潜力。善待比自己能力强的人，才能够得道多助，获得更大的力量。

《中庸》说："凡为天下国家有九经，曰：修身也,尊贤也,亲亲也,敬大臣也,体群臣也,子庶民也,来百工也,柔远人也,怀诸侯也。"是说凡是治理天下国家的,有九种经常不变的纲领,那就是:修正己身、尊重贤人、亲近爱护亲人、恭敬大臣、体恤众臣、爱民如子、招徕各种技工、善待远方的人、安抚列国的诸侯。这九经中,除了修身外,都是尊重别人的道理。一国的元首能尊重贤人,对于事理就不致疑惑了;能亲爱亲人,伯叔兄弟们就不会有怨恨了;能敬重大臣,临事就不会迷乱了;能体恤臣下,才智之士就会竭力以图报效了;能爱民如子,百姓们就会自动前来效忠了;能招徕各种工人,国家的财用就充足了;能善待远方的人,四方的人都来归附了;能安抚列国的诸侯,天下人都自然畏服了。

总裁是组织的首脑人物,当然应该深谙尊重他人的道理,才能够合理领导他人,活用他人的长处。怎样尊重他人呢?"尊其位,重其禄。"尊其位是精神的,给他合理的职位;重其禄是物质的,给他提供合理的待遇。两方面并重,没有人不尽心竭力。

首先要具有度量,大度量是求禄的最大本钱。总裁的度量和他所主持的事业规模有十分密切的关系。总裁的度量愈大,能够包容更多的人,他所主持的事业规模必定也愈大。

总裁要体谅他人

总裁如果不能体谅他人,势必斤斤计较,带不了人心。于是疑神疑鬼,似乎每个人都不可靠。体谅他人才能够原谅无心的过失。大家自然敢做,也愿意去做。这样的总裁几乎无人不可用,实在是天大的福气。

总裁要用好三张嘴

总裁在公司内享有三张嘴的权利。出了公司大门，这三张嘴就没有那么大能力，发挥不了预期效果了。

三张嘴巴各有各的用途。一张用来感谢大家，使大家更加卖力工作；一张用来发号施令，以增进团体效率；一张则用来规劝、责骂，所谓玉不琢不成器，员工素质再好也要用心磨炼，所以必要的指责绝对不违背爱的教育。

一旦出了公司大门，这三张嘴就会失灵。甲公司的老板，骂到乙公司职员的头上，势必遭遇乙公司职员的反感，非但不接受，而且反骂过来；丙公司的老板感谢丁公司的职员，可能引起误会；戊公司的老板跑到隔壁乙公司去指挥、监督，人家也会觉得奇怪。

有些总裁坚持说可以就是可以，不行便不行。初看起来，好像很有道理，其实这是行不通的。也有些总裁凡事都不一定，可以变成不可以，不行又变成当然可行。这样一来，大家什么事都不敢做，严重影响各项事务推进。

可见三张嘴的用途最好不要形成模式，才能够灵活运用，随机应变。

总裁有原则而不固定

三张嘴的配合有其不变的原则。说起来简单，那就是合理。配合到合理的地步便是最高境界。应该变来变去的时候，就要变来变去；不应该变来变去的时候，当然不可以变来变去。

以不变应万变是中国人的最高智慧，可惜被许多人理解错了，受到了诸多误解与责难，真是冤枉。

误解之一，把以不变应万变当作不变来看待。其实以不变应万变是变。以不变的原则来因应万变的情况，结果当然是变。不太了解以不变应万变的真相，以致一方面害怕变，一方面又痛恨不变。

误解之二，认为应该以万变应万变，不可以以不变应万变。这种观念更要命。因为原则要万变，方法也万变，那哪里有原则、制度可循？老子说：

"知常曰明。"是说认识常规的人才是明智之士。又说："不知常，妄作凶。"不知道万物运动与变化中不变的规律就轻举妄动，必然会出乱子。

现代中国人逐渐知变不知常，重变不重常。误以为凡保守都是坏的，所有变革都是好的，变得无法无天，害人害己，必须及早导正。

误解之三，认为以不变应万变是进步缓慢，甚至是进步的阻碍。其实进步应该是渐进的，最好不要样样求突变，免得大家受不了。求变心切，一切变都嫌太慢，势必乱变。

聪明的总裁不可以不变，更不必强调求新求变，应该把握以不变应万变的不二法宝，妥善运用三张嘴。唯有依据不变的原则谨慎应变，才能够万变不离其宗，做到"不可不变，不可乱变"的合理状态。

三张嘴要适时应变

既然总裁有三张嘴，最好都能够发挥长处，以免暴殄天物。有嘴却不能善用,和没有嘴岂不是一样?

感谢固然要紧,但是时机不对,亦即无从感谢的时候,总裁要感谢谁,又感谢什么呢?有必要感谢的时候才开口道谢,当然很合理。指挥也很重要,然而不需要亲自指挥的时候,为什么要躬亲为之,徒然引起大家的不愉快?总裁亲自指挥,往往表示十分危急,不宜常常如此。责骂有其效能,但在大家都没有缺失的时候,凭什么乱骂人?制造了紧张气氛,同时又破坏了团队士气。应该骂的时候要骂,不应该骂的时候不可以随便骂。

可见三张嘴都应该有,却不见得每张嘴都均衡平等地使用。不是有或无的差别,而是用得多与用得少的不同。

总裁冷静地评估使用三张嘴的比重,便知道自己身处何种境地。总裁一天到晚感谢,当然最轻松愉快,也最像老板。经常指挥,表示总裁身旁缺乏能干的左右手,或者自认为高人一等,不亲自指挥就放心不下,这是典型的劳碌命。总裁反复责骂下属，不是英雄主义过浓，便是肝火旺盛，迟早会被同事气死。这种坏脾气老板也是大家害怕的对象，沟通不可能畅通，成就也不可能很大。

有价值的总裁并不是绝对不亲自指挥或指责下属，只是必要时为之，频率不高，效力却强大。因为他们能够确切把握时机，做到指挥应时，责骂应时，感谢应时。

适时应变，在适当的时间运用适当的嘴，有所变有所不变，有时变有时不变，这才是最有能力的总裁。

第三章

总裁要"替天行道"

在企业组织中,总裁扮演天的角色,员工做好人的工作。彼此配合,即为天人合一。在和谐中求取进步,以期生生不息,日新又新。

以天道为准则

总裁是"天",员工是"人"

中国哲学主张天人合一。人本身极为渺小,在宇宙中无足轻重。但是人又超乎万物之上。总裁在组织中同样是形体孤单渺小,而性质卓越有力。

天人合一认为天人并非对立,彼此相通,求其协调。这不是片面否定天人矛盾,而是承认其间确有矛盾,不过不可以用冲突来克服,最好拿和谐来化解矛盾。总裁和员工当然不能对立,否则难免冲突。总裁和员工之间也会存有某些矛盾,必须以诚意化解,才能够真正合一。

天是人伦道德的本源,人的道德观念源出于

天。总裁无法在工作方面以身作则，因为专业技术日新月异，总裁没有把握作为员工的表率。总裁必须在道德操守方面以身作则，作为员工的榜样，以良心来感应员工的良心，达成天人合一。

天人合一的主要表现在和谐。和谐最重要的价值在使人内心愉快，觉得充实满足。管理上常常要求大家重视员工满足感，和谐就是最佳途径。

总裁最喜欢的主张莫过于"家和万事兴"，但总裁只是嘴上讲，很难收到预期效果。最好用心体会，怎样才能使组织在和谐气氛中生生不息。

首先要体会和认知自己"形体渺小，性质卓越"，然后勉励自己要遵循天道，做到内外和顺。总裁和员工合为一体，同心协力，产生协同一致的力量，便是天人合一了。

"替天行道"的方法

自古以来，仁人志士、英雄豪杰都喜欢替天行道。现代总裁当然更应该替天行道,扶正祛邪,来回馈社会。

孔子说:"天何言哉?四时行焉,百物生焉。"天的最大特色在于什么话也不用讲,却能够达成"四时行焉,百物生焉"的任务。世界的可爱处在于生生不息,一切都不停止。总裁替天行道,第一要明白经营企业目的在于使员工活下去,而且活得体面。总裁负责这么多人的生计,如何让大家活得有意义、有价值,乃是最大责任。

这并不表示总裁不可以开除员工,只是万不得已,不会置人于"死地"。总裁先要用救人的心理来感应员工。仁至义尽后,如果实在没有办法,那也只好像诸葛亮那样"挥泪斩马谡"了。

天道至诚。总裁照顾员工,千万不可抱着施恩的心理。天从来没有向人类讨过人情,所以大家时时心存感激。总裁开口向员工夸耀自己的功劳,员工就会产生反感,认为"如果不是我们替你赚钱,凭你能赚到这么多钱?"这种心态固然不对,然而往往是总裁逼他们这样想。

荀子说:"天行有常。"自然变化有其常规。总裁不可以不变化,否则不足以因应内外环境的变数。总裁也不可以没有原则,否则大家无所遵循,势必停滞不前,良机尽失。总裁必须把自己"有原则地应变而不穷"的观念,让干部了解,才能够达成天人合一。

天人合一并不是高高在上的天能够和地上的人合成一体。天人合一应该发生在人体里。换句话说,总裁的心中有员工,而员工的心中也有总裁。总裁和员工在心理上产生良好互动,形成有效感应,便叫天人合一。

总裁要扮演好"天"的角色

天最可赞美处在公而无私,不偏爱任何人。天对每个人都是公正的。总裁要扮演好"天"的角色,必须大公无私。至少要做到下述三点。

认为所有员工都是好人

在总裁心目中,应该认为组织内的每个人都有其长处,都有其贡献。总裁应该有信心,坏人并不存在于自己的组织内。至于谁好谁坏,不应该由总裁来分,应该由部门主管来判定,总裁以公正的立场来评估各部门主管是否公正无私。由总裁亲自评定谁好谁坏,会没有人愿意发表意见,反而很难获得正确的判断。

最好用脸色来警示员工

天最大的本领,便是风云变色。天的脸色一变,人马上提高警觉,不敢掉以轻心。总裁也可以用脸色来表达自己的感觉,员工自然善于体会。总裁平时脸色要柔和些,阳光普照的样子,具有众人欢迎的亲和力;一旦有事,就脸色难看些,犹如乌云密布,大家就会警觉地自动调整。既不伤害彼此的面子,又能收到立即改过的功效。

千万不要说公平

天只能保证大公无私,却无法保证一切公平。

因为机会未必均等,结果自然不公平。总裁嘴上说"公平",员工心中会暗笑"根本不公平",徒然增加不平的埋怨。公正未必公平,只是让得不到的人仍然有面子,用不着恼羞成怒,减少不必要的阻力。

总裁的主要任务在做决策。总裁虽然扮演"天"的角色,但毕竟总裁是人,而不是神,再高明也难免有错。总裁决策错误的时候,员工最在意的是"为什么造成这样的失误"。如果是出于公的立场来考虑,大家比较容易谅解。一旦发现错误起因于总裁的私心,那就会群情愤慨,很难平息。

关键在于领悟"善变"

天道善于变化

天的特色在于时常有变化。总裁遵循天道,必须把握天道善变的道理，适时做出有效变化。常听见一些干部抱怨总裁："一天变三次，早晚都有不同的决定。"这是抱怨的人错了，总裁并没有错。天道善变，四时才能行焉，百物才能生焉。总裁善变，公司才有希望，才能掌握市场。

有些人喜欢用保守来论断中国人，用求新求变来鼓励中国人，实在是不了解中国人善变的一面。中国人喜欢自己变化，也希望他人配合自己变化。

总裁对于市场的变化比较了解，为了适应企业内外环境的变化，必须善变。唯有适时应变，企业才能生生不息。既然如此，员工对于总裁的善变就不能盲目抗拒，应该像适应天气变化那样好好适应。

庄子说"无动而不变，无时而不移"，一切都不固定，时时都在转移。我们不但不可以抱怨总裁善变，反而应该心存感谢，好在总裁很知道变化的道理，因为唯有如此，才有更加光明的未来。

变化之中必有常道

总裁不可以乱变。如果总裁变到让员工无所适从，公司就会蒙受其害，甚至解体。中国人的高明，表现在变化是有条理的。非但不紊乱，而且有其常则。董仲舒说："天之道，有序而时，有度而节，变而有常。"变而有常，就表示变化是有规律的。

总裁要变得有道理，大家自然心服。如果变得毫无道理，偏离常则，大家会心存疑惧，必然影响士气。

总裁只知道变来变去，不能归纳出变化的规律，这是功力不够，要更加努力，了解自己所以如此变化的道理，向干部说明，自然更容易获得大家的支持与信服。

如果没有条理地乱变，那么发展到某一阶段，就会停止，甚至灭绝。可见常则十分重要，不能忽视。中国人重视常道，以致被看成保守。

重视常道是持经，随机应变是达权。很多人主张"持经达权",既不可以有经无权地死守规矩,也不可以有权无经地乱变。持经指有所不变,达权即有所变,合起来便是有所变有所不变,这是我们为人处世最难拿捏的一种分寸。

总裁要依据常道而变化

有所变有所不变最好分成两段来看:有所变是作用,有所不变才是根本。要站在有所不变的立场谨慎考察相关因素,审慎研判如何有所变,使变化的作用发挥出良好效果。

天的行事如果合道,大家安享太平。总裁依据正道而行,员工才能安居乐业。总裁不依正道,做出不合乎社会公益的决定,员工就十分为难。

市场在变,企业环境在变,员工心理也在变,所以总裁不能不变。变得是否合理,大家能不能接受,主要在于是否切合实际需求。所以总裁必须先掌握未来的变化,才能够做好准备随机应变。

总裁心里必须明白:调整变化不只是平衡短期的好坏,或者使变化中的结果符合预期希望,更应该注意变化中的受害者,对其给予合理的补偿,在变动中兼顾事与人,而获致安人效果。

总裁效法天道变化,必须做到王弼所说的"传之有宗,会之有元",才能够"繁而不乱,众而不惑"。就算天气变化无常,也有其一定规律,否则人再善于适应,也将无所适从。总裁变化的常道,归纳起来,主要有以下三项。

凡事先想有所不变

一味希望有所变,就是为变而变,弄得不可以变的也要变,那就是乱变。站在有所不变的出发点,先想不变,不变很好的话,为什么要变?一旦发觉不变不行,那就放心地去变,当然不至于乱变。心存"不要变"去变,往往能够变得恰到好处。心存"要变"再去变,常常变得莫名其妙,不知道为何而变。

不可高呼"求新求变"

变是高层的事,基层求新求变,必然苦于能力不足,困于视野不广,变得高层叫苦连天。天变地不变，人才能生存。高层求新求变，基层切实执行而不自己求新求变，命令才能贯彻到底。

要渐变不要突变

渐渐转变，大家才能调整步伐来配合。时常突变，大家就会无所适从。总裁变到大家无法因应，效果不如预期的好是常见的事。

组织的阶层大致可以看成三种不同的组合。一般说法是高层、中坚和基层。变是高层主管的重要职责，不能够为了维护自己既得利益而不变，也不可以害怕遭受基层员工的抗拒而不敢改变。但是变的时候必须遵循天道变化的常则，不应该随自己喜好或利益妄加变动。总裁更应该以身作则，力求变得合理而有效。

总裁要培养前瞻力

经由知识的充实，以事实为依据，增强前瞻力，应该是一条人人行得通的大道。总裁具有敏锐的前瞻力,能够确实掌握未来的变化,因而未雨绸缪,愈变愈对。自然众人心悦诚服,总裁也就具备了"天威"。为了预测未来,总裁必须做到以下三点。

关心变数

企业内外的变数很多,外在的包括政府的措施,例如奖励投资、经济发展、财政税收、关税,以及环境保护等。市场竞争激烈使经营风险增加,必须多多注意同业及异业动态。技术发展日益精进,有关设备的投资、更新或废弃更是变化不断。内在的包括财务结构的调整、新产品的开发、企业管理的民主化、成员的进修、分工的加强,以及员工之间的沟通与协调,都存在许多变数。总裁要时时关心企业内外的变数,多方面搜集资料,充分了解,并且常常听取有关人员的意见,便能够掌握变数,增强前瞻力。

配合定数

企业环境固然无时无刻不变,然而万变之中必有其不变的定数。例如秉持客观的态度及实事求是的精神来了解情势;依企业整体发展和基本使命以调整当前的政策;力求符合安人的原则,不但符合大众的利益,而且尽量为大众所了解;企业经营务求永续,生生不息;注意时机的把握,缓急得宜;任何改变事先顾及受害者,事后给予合理的补偿等,都是千古不移的定数。同时,总裁以诚恳的态度待人,以公正的心态处事,确立"一切为安人,把事情做好"的不变原则,然后把所有变数拿来推敲配合,就算不能精确推测出变化途径,至少可以准确估量出可能的动向。世事难料,所有预测都不可能百分之百命中,能够掌握变数以配合定数,也就相去不远了。

心诚则灵

这不牵涉宗教信仰,是说因诚心诚意而建立的信心。总裁的预测是否准确,实际取决于对自己的预测是否有信心。对自己的前瞻力缺乏信心,决策时已经相当动摇,自然难以因应未来变化,也就无法准确命中目标。总裁必须诚心诚意预测,才能有充分的信心,决策时信心坚定,推行时充分相信必能达成预期的效果。这样,成功的机会增加了,前瞻力增强了。

总裁要崇尚虚静不争

总裁秉持"不禁其性,不塞其源"的道理

总裁不能牵着员工的手去工作,不能拖着员工的脚去行动。总裁所能做的,实际上是"不禁其

性，不塞其源"。一切管理措施要合乎人性，对于员工的需求也要尽量合理给予满足。

员工的行为是自主的，员工用心不用心更是自发的。总裁能够管制员工的上班时间，却无法让员工真正工作。就算员工表面上在工作，也不能充分发挥潜力。总裁只能顺着员工的性，分配合适的工作；尊重员工的需求，提供良好的工作环境。让员工自己生长，自己工作，这才是合"道"的做法。

总裁如果是种花人，员工便是受到照顾的花。员工愿不愿意尽力而为，或者顶多做做表面工作，敷衍了事，完全由员工决定，任凭总裁怎样费尽心思，也未必能够获得员工的认同。最好的办法是秉持"不禁其性，不塞其源"的道理。安排良好的工作环境，使员工到了这个环境，自然想要工作；塑造良好的工作氛围，员工处在这样的氛围中，自然乐于工作。

虚静是一种空明宁静的心理状态，具体表现在不争。种花人不和花争，抱着空明宁静的心境让开一步，使花顺利生长。种花人若是持有成见，就会按照自己的意思,忽视甚至违反花性,妨害了花的生长,再指责花长得不好,花当然不服气。要无成见地观察花性,明辨水源,使阳光与水分配合得恰到好处。种花人不居功、不争权,让开一步,使花自由自在而又生机蓬勃地生长。

总裁如何虚静不争

总裁扮演着种花人的角色,应该体会和认知种花的道理,切实做到以下三点。

不要与同事争

总裁无论身份、地位和权势都在同事之上,用不着常常把自己拉下来,和同事站在同一水平上争执。就算争得胜利,也并不见得光彩,因为大家会认为总裁是仗着权势,不值得敬重。万一争输了,面子上挂不住,势必恼羞成怒,更加不好看。总裁要有自知之明。这样才能大肚能容,让开一步,放手让下属去表现。下属的功劳实际上都归于总裁,下属的表现都等于总裁的表现,何必同下属争呢?

不可心思浮动

守静其实就是不浮动。总裁若是心思浮动,便不能定。《大学》里说:"知止而后有定,定而后能静,静而后能安,安而后能虑,虑而后能得。"总裁如果心思浮动,弄不清楚自己的立场,就会做些不应该的事情,反而做不好应该做的。明白了自己的立场,要好好地寻觅人才、培养干部,然后放手让他们去发挥。有明确的定向,便不能为没人可用或者员工都不如自己的妄念浮动。心不妄动,才能随遇而安,就算蜀中暂时没大将,廖化照样可以当先锋。好好辅导他,处处协助他,总裁才有比较宽裕的时间和精力来考虑更复杂且变化不定的未来。如此就坚定了立场,亦即贯彻了主张。

不必虚伪造作

虚静的功夫达到了极致,便不会虚伪造作。总裁有没有诚意,有没有真的坚持立场,员工心里很清楚。一旦让员工发现总裁并无诚意,只是口头说说，根本放心不下，大家还是不敢贸然放手去做。有些总裁喜欢制造全员参与的假象，表面上一切由大家参与决定，实际上全凭己意，这种虚伪造作，很快便为大家所识破，徒然增加推行参与管理的困难，实在得不偿失。

总裁必须虚怀若谷

总裁最怕无人指点

《庄子·天下篇》说："天下大乱，圣贤不明，道德不一，天下多得一察焉以自好。"现在各种学说纷纭复杂，各说其是。在知识爆炸时代，总裁希望什么都懂，简直是缘木求鱼，最好的办法乃是有人指点。三国时代的刘备是一个明显的例子。他得到了诸葛亮的指点，开创出了一番伟大的事业。

总裁不可能，也不必无所不知、无所不能，相反,最好承认自己有所不知、有所不能。这样才能够虚怀若谷,得到他人的指点,活用他人的智慧。

虚怀若谷并不是表面上谦虚,更不可虚伪造作,应该真诚希望他人的指点,补救自己的不足。总裁虚怀若谷,要能够放弃操纵、把持的心思,虚心请教他人,获得他人指点。

总裁最要紧在知人

总裁希望得到指点,最要紧在知人。《庄子·天下篇》中说:"耳目鼻口,皆有所明,不能相通。犹百家众技也,皆有所长,时有所用。"百家众技各有所长,时有所用,不能兼备又无法全学,所以只能成为偏于一端的专家。

总裁必须具有分辨能力,请教富有经验的专家。对的人,合适的事,是请人指点的先决条件。问错了人,又问非其所长,得到不对的指点,岂非更加坏事?

总裁虚怀若谷，先打听一下真正具有实力的人，再仔细了解一下真相是否与传闻相符。然后请教一些比较容易印证的事宜试试效果，认定他的确具有某方面的专长，再就这方面的事宜向他请教，往往能够得到真正有效的指点。

"分裂人"的缺点，在于强调自己所知悉的部分真理，然后常常用这部分真理取代全部真理。财务专家把财务放在一切事务之上，认为财务涵盖了经营管理的全部，因而过分强调财务的重要性与功能性。销售专家过分强调销售，生产专家肯定觉得生产第一，人事专家又指称人才是一切的根源。凡此种种，总裁必须小心分辨，就某专长处请教，又顾虑其他有关因素，才能统合汇聚全部力量，不致以偏概全走歧路。

虚怀若谷三原则

总裁要虚怀若谷，知人而又善于请求指点，必须注意三个原则。

不可令人望而生畏

总裁如果形象欠佳,让人家望而生畏,那就无法得到贤人的指点,无从获得真正的高见,纵然虚怀若谷,也将自绝于贤明的高人。

尽量使自己成为通才

专家是"在少少中知道多多的人",他们的专长正是偏于一端的领域。总裁应该以通才自勉,要成为"在多多中知道少少的人",唯有如此,才能够得见天地的纯美,完整的全体。总裁以"内圣外王"之道聚集各种专才的卓见,有如高明的人,运用耳目鼻口各自发挥所长,为人所用。如果总裁是专才出身,更应该提醒自己,不要拘泥于一己之见,要多方听取别人的见解以补偏。同时,尽量扩展视野,吸取各方面知识,以增进辨别力与判断力。

拿安人做判断的标准

总裁用安人做标准来加以取舍,安则取之,不安就舍之。安有久安或暂安、众安或寡安、实安或虚安、大安或小安的差异，如果以久安、众安、实安及大安作为目标，经由暂安、寡安、虚安和小安亦无不可。道理好不好，方法对不对，要通过当时的情况来评估。如果获致安人，便可以接受；若是制造不安，最好加以调整，在安的前提下施行，比较妥当。

总裁最好自然无为

无为便是不造作

老子主张无为，主要是反对有为。任何典章制度若是只着重外在的空架子，不过是一种形式，毫无实际作用。老子针对这些造作有为的形式，提出无为的观念。提倡无为，便是反对造作。但是，无为不能解释为什么什么都不做。

总裁秉持"应该做就做，不应该做便不做"的理念，便是自然无为。总裁如果心存"我照顾你，你要好好工作报答我""我给你工资,你必须努力工作,以工作成果来偿还",或者"我每做一件事,就要得到利益"的想法,那么,所作所为便不自然,就是造作,就谈不上无为。

总裁自然无为,不为什么而为,也可以说是总裁的艺术化。当总裁当到艺术化的境界,是不是人生更有意义、更有价值了呢?

不造作才能够破妄返真

总裁若是每做一事就要求报酬,而且所得报酬只准自己独有,例如一切行动都念念不忘利润,每一言行都考虑到自己的荣誉,这种私的念头,会影响到公的标准,一旦私而害公,就会兴起妄念,很难真诚待人处事了。

老子是希望我们把计较一扫而空,宠辱不惊。为宠而惊,是为眼前利害或虚荣心鼓动。别人说成功,便以为真的成功,出风头就沾沾自喜。为辱而惊，乃是"下属有卓见，即为自己的耻辱"或者"别人的高明，凸显自己无知"的错觉。

总裁宠辱不惊才会平心静气，破妄返真。遇挫折时会得到鼓舞，烦闷中会得到清凉，困倦时有所振奋。这不容易做到，却非常值得用心体会，好好自我提升。

破妄返真就能够不禁其性、不塞其源，又不思有恩。不认为有恩，便不想操纵，不急着把持。事实上，今天大家重视的利润和绩效都是果不是因。一般人倒果为因，把注意力集中在果上，忽视了因。总裁破妄返真，应该了解利润和绩效乃是大家努力合作走上正道的必然结果，因此注意力放在"不禁其性，不塞其源"上，使大家安居乐业，自然能够带来利润和业绩。

无为无不为的三大步骤

总裁希望无为无不为，最好依据下述三大步骤顺序而行，以保安全有效。

先求有为

总裁必须有为才能创立正当事业，树立良好形象，吸引人才。刘备不用心打听，不三顾茅庐，哪里会得到诸葛亮的鞠躬尽瘁？刘邦不起事反秦，哪里会得到萧何、张良、韩信的赤胆相助？不做总免不了要做，不要总免不了要；无为也不免要有为。人必须具备若干能力，不能什么也没有。刘备选择了诸葛亮，诸葛亮何尝不是选择明主？高明人士不会无缘无故前来投奔，总裁必须重视修己安人的道理，并且努力实践，贤明的人才自然闻风而来。即使不三顾茅庐，也能够打动对方的心，使其仗义相助，成为自己的好帮手。

礼遇人才

总裁必须让下属能够施展所长，把空隙填补起来。否则总裁一让开，马上出现空隙，后果不堪设想。总裁经常感叹无人可用，当然不敢轻易让开一步。唯有礼遇人才，使人才肯来又敢做，总裁才能够自然无为。

总裁的无为，必须建立在员工能干又肯干的基础上。人才肯不肯来，来了留不留得住，留住敢不敢为，其根本乃是总裁能否真诚礼遇人才。如果总裁教导有方，则人人可以成为人才。总裁必须宽宏大量，能信任比自己更高明的人才，甚至能任用有不同意见的人，必然最具有魅力。

逐渐让开

总裁有心自然无为，却不可立即让开。最好依具体情况，对不同的下属，给予不同的运作空间，这才是适才适用。而且各人的空间不同，也是一种平等，使大家明白，有多大的表现就有多大的空间，这样可以激励员工。

总裁自身力求充实，却不能一味表现，剥夺了员工表现的机会。拿出诚心诚意来礼遇人才，使人才在磨炼中增加实际经验。之后，总裁逐渐放手，让员工的空间逐渐变大，总裁逐渐由有为而无为，迈向自然无为。

第四章
总裁要掌握整体

组织由少数志同道合的人结合起来,为共同的目标而奋斗。通常可以大致分成三个阶层:高阶、中坚和基层。总裁是高阶首脑,也是整个组织的最高领导人。董事会可以决定总裁的去留,并不能干预总裁的职权。

组织分为三阶层

组织大多采取层级制

一般而言,组织为求指挥灵活、事权集中、命令统一、责任确定,大多采取层级制。当组织规模很小、成员不多、管理者足以掌握全体员工时,组织通常只划分为两个阶层:管理者和员工。这时候分工、专职并不明显,彼此关系也不确定。组织到了相当规模,管理者不足以掌控全体成员时,就产生"管理幅度"或称"控制限度"的问题。必须给组织划分阶层,以利于工作的有效推行。

管理幅度指一位主管能够有效监督下属的人数。虽然早期管理学者企图界定理想的管理幅度,以适应一切组织的需要,但是近代管理学者研究认为难以确定普遍适用的具体数字,因为在决定适当的控制幅度之前,必须考虑各种情境的特质,例如被监督的活动形态、被监督的人员素质及组织类型等。譬如甲公司的每位管理者都有四个下属,全体员工为64人,最好划分为四个阶层才能适当而有效运作。

然而,管理幅度较大的时候,组织阶层自然就会减少。乙公司的每位管理者可以监督八个下属,他们公司只要划分为三个阶层便足以容纳全体员工。

划分为四个阶层的甲公司属于塔形结构,划分为三个阶层的乙公司则属于平行结构。前者为纵向结构,组织阶层较多;后者为横向结构,组织阶层较少,每一阶层的下属人数较多。塔形结构沟通线路较长,管理者较多,有助于主管与部门之间建立密切的工作关系及紧密的高阶层控制。平行结构沟通线路较短,管理者较少,低阶层会获得更多的决策机会，有助于领导人才的发展。

层级并非阶级

组织阶层的划分是出于分工的考虑，以及管理幅度的限制，并不存有成见，大家人格平等。和阶级不同，阶层是可以经由自己奋斗而获得改变的。

然而，人有智愚之分。先知先觉者要用心创造发明，以造福社会；后知后觉者应尽力把先知先觉者的发明好好地宣传，使大家明白它的好处而广为应用；不知不觉者必须接受宣传者的说明，做一个实干家。任何社会实际上都是这三种人的组合。

组织大致分为三个层级

我们可以将组织分为三个阶层：最高管理阶层、中坚管理阶层，以及基层管理阶层。尽量做到让先知先觉者担任高阶主管，后知后觉者担任中坚主管，不知不觉者担任基层人员或主管。一般最高决策者如企业的总裁、总经理、副总经理可以称为最高管理阶层。现场作业人员及领班、组长可以看作基层管理阶层。其他人员列为中坚管理阶层。

可见，无论实际上有几个阶层，都可以概括性地纳入三个阶层来看待。大规模的公司，总裁和执行官是高阶，现场人员属于基层，其他都是中坚主管。小规模的组织，就算只有老板一人、伙计一人，同样可以把伙计看成基层，老板扮演中坚，必要时将老板的妻子拉进来充当高阶，更有利于组织的灵活运用。

三阶层的划分可以弹性应用。在场三人中，谁的职位最高，就是此时此地的高阶；谁的职位最低，便为基层；剩下的人扮演中坚。随时随地机动配合，并不一定将身份固定在哪个阶层。如果三人职位相当，也可以年资、专长、经验等因素来区分。视当时实际需要选择合适的标准，照样可以划分出三个阶层，利于工作的进行。

各阶层有不同使命

树立服务的人生观

阶级的特性在于一方面用强力压迫他人,一方面掠夺利益给自己。组织阶层的划分用意决不在此。有能力的人不可以骄傲,看不起能力比自己差的人,或者要求更多报酬以凸显自己的不凡。有能力的人应该尽力为能力不如自己的人服务,帮助资质较差的人。儒家倡导"才也养不才",正是这种用意。

把人分成先知先觉、后知后觉和不知不觉的目的在于三种人互助,才能平等。若是彼此争夺,永远不可能平等。因为人的智愚不等是事实,不是人力能改变的,但观念是可以改变的。只要智力高的人看清楚自己得天独厚,比别人享有更多天赋的权利,当然应该比别人尽更多的义务。用智力来服务大众,使人类从不平等到平等,才是大家所乐见的光明大道。

服务的人生观主要有三个重点。首先,人生以服务为目的，不以夺取为目的。只是在不得已的情况下，才以夺取为方法，这决不能当作目的。其次，服务的方式和分工依照人的天生才智而定。才智高的人责任重重，服务的质和量都比较大；才智低的人责任较轻，所服务的质和量都比较小。最后，用这种不平等的服务方式来弥补人类天生才智的不平等。

在知识社会中，服务的人生观更为重要。一个人有没有知识，要看他能不能为社会服务。凡能服务，有所补益于社会的，就是有知识的人。一个人知识的多少也要看他为社会服务的程度而定。能够用知识为社会服务，感化很多人，发挥最大效益，就是有很多知识。

有了服务的人生观，组织阶层的划分不过是为了垂直分工的方便，不可能变成阶级对立。

配合三才之道运作

组织三阶层配合三才之道。高阶依天道，一切作为仿效天的样子,以时为主要使命,重在预测未来、掌握未来变化,制订发展方向。中坚依人道,一切作为按照人的样子,以和为主要使命,力求和谐互助,彼此协力合作,合理解决问题,完成预定的工作目标。基层依地道,一切作为依据地的样子,以利为主要使命,将所负责的工作依照工作规范在限定时间内完成,以谋取组织最大利益。

高阶的使命是站在组织全体的立场来实施综合性策略指挥。中坚的使命在将高阶策略具体化、明确化,并且做好部门之间的协调与沟通,维持组织正常运作。基层的使命在确实做好计划、认真执行、严格控制,并且如期完成作业。

三阶层密切配合

变与不变的配合

天善变,所以高阶主管常常变,好像说话不算数。因为他的想法必须因应未来变化。刚下一道命令，马上变更内容，甚至完全取消。

地不变，基层员工必须按照既定工作规范去做，一点也不改变，品质才会良好而稳定。如果基层员工擅自做主，爱怎么变就怎么变，那么制造出来的东西，品质必然令人担心。

人不可以不变，也不可以乱变。中坚主管要承受上级的变，又要适当让基层员工保持不变，所以应该及时调整自己，以求适时应变而达到合理地步。

用与被用的配合

高阶主管不应该事必躬亲，必须了解下属，让合适的人去做合适的事，这才是"用天下"的气度。

工厂的产品是基层员工做出来的，所有对顾客的服务都是基层员工直接提供的。基层员工像地，应该无怨无尤地生产物品、提供服务。

中坚主管依照人的样子接受高阶的命令，合理指派基层人员工作，辅导他们把工作做好，因此必须处理很多事情，也叫作"治天下"。

情、理、法的配合

天有情,尽力照顾每个人。高阶主管对组织成员也应该尽力照顾,使大家安居乐业。但遇到实在不好好工作的人,在多次劝告、细心辅导之后,也不得不通过中坚主管让他离开组织,以免害群之马害了整个组织。这种严厉的措施,必须经过一段沟通、辅导的过程,才不致引起大家的反感。

基层人员应该效法地的精神,以守法为主。对于合理的命令当然应该服从;在上级过分不合理的要求下,也可以合理抗拒,以保证自己的利益。

人应该合理接受天的照顾和命令,不可以过分依赖天,也不可以过分自我膨胀违反天命。中坚主管既不应该完全服从高阶,也不能够成心唱反调。一切以合理为依据,合理地服从,合理地反对,才算善尽职责。对基层员工,同样不应该放纵,也不可严苛,必须合理教导和辅助,合理爱护和照顾。

三个阶层的配合

高阶主管的主要任务是预测未来动向,及早提出政策，把组织引导到正确的方向。对高阶主管来说，预测力非常重要。

基层员工必须遵照过去制订的工作规范切实执行。过去的经验乃是基层员工现在进行工作的最好依据，最要紧的还是执行力。

人虽然要预测未来，依赖过去的收获而生活，但是最重要的是把握现在。中坚人员必须认真处理现在的事情，解决现在遭遇的问题，改正现在所发生的差错或矫正现在产生的偏失。

这构成了高阶以前瞻力朝向未来，中坚以转化力来把握现在，基层以执行力来延续过去的配合。

明言与不明言的配合

天重视阴阳变化。高阶主管常常用脸色来暗示下属自己去思考和调整。天不明言，所以高阶主管也常常脸色不好却不承认自己不高兴。暗示就是一种不明言的表现，其目的是保留下属的面子，让他有机会自己改正。

地重刚柔，能不能承受压力表现得十分清楚。

基层员工应该一切说明白,有能力做就说可以完成,做不到时也要明白表示,干部才能够正确判断以便及时增加人员或延长工作时间,确保成果。

人应该明言的时候当然要明言,不应该明言的时候,就不能表示出来。中坚干部有时候十分坦白,有时候又含含糊糊,一切以合理为标准,需要自己衡量实际情况,用心拿捏以求制宜。

这种特性表现在三阶层人员身上,才能够密切配合。

三阶层密切配合,各自扮演合适的角色,才能高阶放心、中坚称心、基层热心,皆大欢喜。

事实上,我们所看到的大多是"高阶不放心、基层不热心、中坚不称心",因为三阶层并没有弄清楚各自的特性,也不能扮演好自己的角色,以致互相争夺权利,矛盾对立,发生冲突,招致大家不安。唯有三阶层各自调整,密切配合,才能获得整体安宁。

高阶要"清楚地含糊"

人可以分成四大类:"含含糊糊地含含糊糊""含含糊糊地清清楚楚""清清楚楚地清清楚楚""清清楚楚地含含糊糊"。"含含糊糊地含含糊糊"不足为害,就算加害于人也不容易达成目的,这类人通常在组织甄选人员时就被摒弃了。其余三类人都可能害人害己,同时出现于组织中,必须各自拿捏分寸,表现得恰到好处。

高阶主管以"清清楚楚地含含糊糊"为主,紧急或必要时才"清清楚楚地清清楚楚",尽量放开空间使中坚干部施展身手,发挥潜力。

总裁要"清清楚楚地含含糊糊"

某公司企划部新聘请了一位企管人才。入职不久,他便向总裁建议,希望公司规范化。总裁心里明白这很难马上实施,但是满口答应,问他需要多少经费。他花了一星期做出了预算，总裁一看金额，觉得合理，答应经费没有问题。问他要用多大空间，他到处观察，选好地点。总裁表示同意，接着问他由哪些人负责推动，他斟酌了几天，报告总裁，人才不够，必须招考或培育才能够开始计划。

如果总裁在听到他提建议的时候，就告诉他人才不够，必须等到适当培育之后才能够实施，他的感想会如何？会不会认为总裁保守，赶不上时代的潮流，或者认为总裁不希望规范化，才推三阻四？至少也认为总裁不愿意接受好的建言，以后还是少说为妙。不管如何，对总裁都相当不利。

总裁先提出问题，让下属去摸索，寻找答案。这种态度看似含含糊糊，实际上是清清楚楚，胸有成竹。为什么不当机立断，拿出答案呢？因为如此一来，虽然魄力十足，却很难令建议者心服。新进人员雄心万丈，满脑子理想，满腔热血，哪里能够接受？多半会背后发牢骚，指称总裁不够开明，不够虚心，不够现代化。

高阶必然具有相当素养及丰富的阅历，但是高阶也最好明白：自己离现场愈来愈远，对于现场的一切总归不如现场人员知道得清楚。何况现场在不断变化，自己当年的经验如今是否符合实际情况也是个大问题。

既然新员工提出建议，不妨让他试一试。如果真能做成了，何乐而不为？万一像总裁所料，他也会知难而退，不会盲目鼓动风潮，造成众怨。总裁心里清清楚楚，表面上却装得含含糊糊。新人尝试成功，是总裁开明支持；新人突破不成，大家便明白：总裁是有心来做，但碍于大家不争气，不便急急推动，总裁是体谅大家的好人。

有些高阶为了面子，往往搞出一副"比下属更了不起"的模样，因而"清清楚楚地清清楚楚"，认为唯有如此，才能为下属所敬服，这是十分危险的做法。

中坚人员的素质偏低就会令人担忧。何以至此？原因多半在于高阶"既提问题，又有答案"，弄得中坚不必动脑筋照样可以过日子，久而久之，中坚的反应愈来愈迟钝。

中坚愈不行，高阶愈非要"清清楚楚地清清楚楚"不可，中坚所得到的答案越多，便愈来愈"含含糊糊地清清楚楚"了。谁是这种恶性循环真正的祸首？"害生于恩"，高阶"清清楚楚地清清楚楚"，表面看是恩，实际上是大害。高阶什么都弄得清清楚楚，中坚只能奉命行事，形同基层，永远提升不起来，岂非大害？总裁要"清清楚楚地含含糊糊"，对中坚、基层的员工更有助益。

中坚有实力，高阶才会轻松。轻松并不是偷懒。高阶轻松一些，不把自己困死在日常事务上，才有更多时间预测未来，评估现实，因应例外或偶发事件。

"清清楚楚地含含糊糊"的妙处

"清清楚楚地含含糊糊"有它的妙用。老子赞扬的"大智若愚"是最好的写照。内心清清楚楚,却为了因应实际需要,表现出含含糊糊,更能够达到圆通的境界。清清楚楚地把握原则,含含糊糊地东拉西扯,使对方弄不明白我方的真正用意,往往比较容易达成目标,是一种常见战术。

高阶怎样才能轻松起来?平常要多给中坚人员运作的空间,让他们自己去找答案。中坚时常获得寻找答案的机会,会练成一身功夫,替高阶解决很多问题,并且从中获得宝贵经验。

平常让中坚多多发挥,紧急时期,高阶一声令下,中坚知道是紧急事件,丝毫不会反感,会好好去执行。如果一切都依紧急事件的方式来处理,中坚就没有紧急不紧急的差别,样样急等于没有一样急。

高阶在紧急事件的处理上当然应该"清清楚楚地清清楚楚",以免中坚摸不着头脑,或者在紧急中猜错了。但是,平常事宜如果高阶也坚持"清清楚楚地清清楚楚",中坚人员的心态将会如何?

第一,中坚认为高阶既然事必躬亲,又样样了如指掌，何不全心依赖他？只要照着高阶的指令去做即可，因而养成了依赖性。

第二，高阶样样说得很清楚，中坚对高阶又有信心，因此毫不迟疑，一切依令而行，当然不需要多花脑筋，多费心思，逐渐成为"呆人"。

第三，高阶清清楚楚地指示，自己负起完全责任，中坚乐得遵循命令，对决策毫无责任。这种情况下，即使中坚发觉高阶有脱离现实的倾向，也不愿意明说，以免自己分担责任。

可见高阶"清清楚楚地含含糊糊"，一方面可以促使中坚参与决策，分担决策责任，使其不敢不谨慎而行；另一方面，则清清楚楚地分辨中坚是否具有足够的观察力与判断力，对于中坚的意见，能够清楚判定优劣，进而给予适当辅导，以增进中坚实力。

"清清楚楚地含含糊糊"其实是我们常说的"内方外圆"，是很难达到的境界。如果高阶无法具备这种境界，那么和中坚又有什么分别呢？内方是指高阶必须坚持原则，外圆则具有弹性，以因应环境的实际需要。高阶把握原则，让出空间使中坚弹性发挥，能够承上启下，达成沟通上下的任务。

当然，中国式管理也离不开班底的运作。班底必须设法弥补领导的不足，而领导对班底唯有"清清楚楚地含含糊糊"，才能激励班底全力以赴。否则领导十分精明，班底就成为唯命是从的跟班了。

英雄型高阶往往偏爱"清清楚楚地清清楚楚"来表现自我。这种"一将成名万骨枯"的做法，最后免不了众叛亲离，备尝"孤寂老英雄"的苦楚。

集团型高阶比较能够"清清楚楚地含含糊糊"，欣赏干部的表现。群策群力的结果，当然较易得到大家的拥戴。即使退休告老，其作风也将长期存在大家心中。

中坚要"清清楚楚地清清楚楚"

中坚干部力求"清清楚楚地清清楚楚"。作为上下沟通的桥梁，有时为了高阶主管的面子问题，应该稍微含蓄一些，表现出若干程度的"清清楚楚地含含糊糊"，以免过分唐突，反而误事。

什么叫作"清清楚楚地清清楚楚"？凡是依据清清楚楚的事实，说出清清楚楚的解释，便称得上"清清楚楚地清清楚楚"。

"清清楚楚"并不一定好

"清清楚楚地清清楚楚"的人是不是最受欢迎呢？仍旧很难讲。有时候很受人欢迎，有时候则相当令人厌恨。下属听取主管的指示，清清楚楚地听出缺失，便清清楚楚地列举出来，又清清楚楚地提出修正，主管同样会清清楚楚地没有面子，虽然不一定会清清楚楚地恼羞成怒，却必然清清楚楚地记住这次"蒙羞"，准备在适当时机清清楚楚地报复。

有些人既卖力又能干，总得不到主管赏识，原因多半在于过分"清清楚楚地清清楚楚"。就算整天怨天尤人,甚至向主管申诉,又有何用?

成为高阶和基层之间的良好媒介

前文提及的企划部新人,如果希望公司管理规范化,根本用不着直接向总裁提出建议。他还有顶头上司,为什么不向直接主管报告,却要越级找总裁呢?

中国人有一种不好的习惯,凡事要直接向总裁交涉,似乎其他人都不够分量似的。究其原因,不外乎二点。一是领导有决定权,说话算数。其他人就算答应得很干脆,之后也可能被否决,不可靠。有些领导很喜欢否决干部的承诺,表示自己比干部权力大,也警告干部不可以未经请示便对外承诺。二是领导常常有惊人的法外施恩的举动,使众人认为找领导占便宜的机会比较大。除了领导有此魄力,其他人谁愿意承担重责?三是领导最害怕的就是面对来势汹涌的群众。为了争取大家的心，多半会特别表现宽大，因此直接找领导比较容易得偿所愿。领导下决心的权力最大，找他最有效。

这种现象是领导长期过分表现个人权力惹来的麻烦。如果秉持"分层负责"的精神，让中坚也能说话算话，领导的压力就会减少许多。因为大家平日对中坚有信心，便用不着样样找高阶，反而会心存顾忌，万一坚持要见高阶而得罪中坚，对自己更加不利。中国人最善于盘算利害得失，中坚有影响力，当然不敢轻视，更不能不表示信任。

部门主管平日的表现如果是"清清楚楚地清清楚楚"，那么下属有什么意见就会直接向他建议，用不着越级找总经理。部门主管遇事常向上推，不是"兹事体大，必须向上级请示"，便是"我非常同意，但是上级不知道会不会支持"，一心希望自己做好人，让上级当坏人。结果自己得不到下属的信赖，下属也只好凡事越级报告。

还有一种情形，就是部门主管经常掠夺下属功劳。有优点往自己脸上贴金,有缺失则往下属身上推。下属很快了解了这种情形,于是有好的建议,自然越级,以免被顶头上司半途截夺功劳。

可见身为中坚主管,对下属的功劳或过失,也应该"清清楚楚地清清楚楚",使下属知道有功有过瞒不过,也不会被扭曲。这样下属就不会担心好意见、好表现被中坚主管截去。一则安心和中坚主管沟通,再则不必处心积虑设法在高阶面前极力表现。

中坚清清楚楚地掌握事实,自然可以清清楚楚地向高阶反映,再清清楚楚地与基层沟通,成为高阶和基层之间的良好媒介。经由具体绩效使高阶和基层对中坚产生信赖,成为组织内坚强的中介,不但顺利承上启下,而且可以解决许多问题,化解高阶与基层的若干疑虑,促进劳资和谐。

中坚干部必须认清自己的主要任务在沟通上下之情,而不是转达上下之间的意见。否则通信这样发达的今天,实在用不着中坚传来传去。通上下之情的关键在于使高阶和基层都听得进去，乐于接受，并且产生预期行动。

中坚干部要清清楚楚地掌握事实

要清清楚楚地掌握事实，必须重视资料的搜集。但是，搜集大堆没有用的资料简直是浪费，所以要确立目标，搜集有用的资料，按主题分类整理，并且分析判断资料的内容，才能够充分活用。资料分析的过程中如果发现若干问题，赶快进一步去加深了解，并且听听现场人员的意见，汇集起来，再以个人或集体的方式来拟定对策。有了腹案，带着它去向上级反映。获得主管的许可与支持，再回头和有关人员沟通，把问题解决。

这种"现场资料→分析汇整→深入了解→拟定对策→请示上街→向下沟通→解决问题"的流程，要清清楚楚地依序实施，以便习惯成自然，建立信誉。解决问题后，还要切实评估，作为下次改进的参考，才能日新又新，一次比一次更迅速而有效。

基层看见中坚清清楚楚的实事求是精神，便不致怀疑中坚"只看上不看下"，唯高阶命令是从，不顾基层实际困苦，会比较愿意接受中坚的意见，也比较愿意把实际情况告诉中坚，使中坚更容易获得有用资料，更方便得到圆满的沟通。

高阶看见中坚能够主动发掘问题，并且深入探讨，拟定有效对策，又能够及时请示，尊重高阶的裁决权，当然既欣赏又放心，大可以让中坚放手去做。高阶如果不放心，还要否决中坚的方案，必定两败俱伤，对彼此都相当不利。

中坚对上是下属，对下则是上司，这种不上不下、既上又下的立场，自己更应该清清楚楚地随时做合理调整，以免角色混淆，变成不清不楚，让自己受到最大的伤害。

同样的清清楚楚，对上对下总归有区别。一般说来，对上采取"中坚先说"的方式比较有效；对下则依"先听基层"的原则来进行,才能够集思广益。

基层人员最接近现场,或者有亲身体验。先听听基层的意见,发现可疑再深入探究,应该是掌握事实的办法。让基层先说,使其备觉可亲,更加信任中坚,也就知无不言了。何况基层对自己所说的话,也多半愿意就事论事,勇于负责。要加强基层的参与感和责任感,让他先说是有效的方式。

再依据基层所说的研商对策,然后拿着对策向高阶请示,高阶看中坚处理得清清楚楚就放心得多,也变得很好商量,相当尊重中坚的意见。

和高阶商议时,中坚先提出报告。把事情的来龙去脉分析得清清楚楚,然后带着解决方案请示。高阶若有疑问,清清楚楚地加以说明。中坚对于自己的方案,显现坚定的信心,而且能够合理坚持。相信几次下来,便能获得高阶的信赖。有了良好的信誉,持续维护,便是优秀的中坚。

妙用"清清楚楚地清清楚楚"

"清清楚楚地清清楚楚"必须注意立场。有些可以公开,有些应该私下解决,不能混为一谈。对高阶的建议最好是私下清清楚楚地报告或提出问题请求解决。若是公开场合,必须想一想是否会让高阶没面子或下不了台。不是怕高阶,而是顾全大局。

对基层的剖析,如果是技术性的,只要让他知道,公开教导他"清清楚楚地清清楚楚",既不必顾虑,更不可含糊。假若是人际性的,就要视一般性或个别性而定。一般性修养可以公开,个别性的规劝最好私下进行。基层也有面子的需求,虽然和高阶性质不同,却应该予以同等重视。

清楚的表现仍旧有其范围,不该说的,说得愈清楚愈倒霉。站在不说的立场来说,乃是中坚的原则。什么都说得清清楚楚,谁见到都害怕,沟通的渠道反而不通,以后会愈来愈不清楚。

基层要"含含糊糊地清清楚楚"

基层人员年龄、学识和经验都不足,最好"含含糊糊地清清楚楚",相信真心关怀并且用心教导自己的主管,把他们交办的工作做好,发挥有效的执行力。

什么叫作"含含糊糊地清清楚楚"呢?看到"顾客的声音便是上帝的声音",就断然肯定"顾客永远是对的",就是把清清楚楚的"顾客永远是对的"观念建立在含含糊糊的"顾客的声音便是上帝的声音"基础上,是"含含糊糊地清清楚楚",具有这种倾向的人为数不少。

特别是我们中国人,更应该提高警觉。因为中国话很容易让人掉入断章取义的陷阱,"只知其一,不知其二",导致"含含糊糊地清清楚楚"。

有条件地"含含糊糊地清清楚楚"

社会上有些人喜欢"含含糊糊地清清楚楚"。

把自己不明了的事情用好像很在行的样子表达出来。一方面欺骗他人,误导他人;一方面自己愈说愈相信那是真的,也欺骗了自己。

孔子要我们"知之为知之,不知为不知",便是不希望我们"含含糊糊地清清楚楚",以免害己害人。然而,在企业组织中,基层和中坚比较起来,无论是学识和经验,似乎都有欠缺,我们不能苛求其"清清楚楚地清清楚楚",却深切期望基层能够有条件地表现出"含含糊糊地清清楚楚"。

慎选公司

基层要慎选公司。中国有句老话:"年轻慎择师,年老慎择徒。"年轻的时候,最需要的是老师的教诲。如果找错人,问道于盲,会害了自己一辈子。年老的时候,最大的希望是把毕生的经验传授下去。若是传错人,把学问曲解了或者用在不当的地方,也是遗臭万年,伤害自己。

年轻人刚刚踏入社会,前五年想跳槽便跳槽,不必有所顾虑。因为慎选愿意投入的公司是正当的念头。所以跳槽的目的不是多赚一些钱,也不是朋友一招手就过去了。我们反对为钱跳槽,更反对盲目跳槽。我们鼓励为理想而跳槽。基层要慎选公司,希望在五年内找到真正适合自己的公司。

为什么定为五年呢?刚刚就业,谈不上年资,跳槽比较不可惜。年纪轻,多数尚未成家,负担较轻,跳一跳无所谓。五年是一个目标期限,提醒自己只有五年时间可以自由跳槽。五年以后,年资愈来愈重要,成家后有些事情比较不方便,也应该早日安定下来,专心投入,才能有较大成就。

选定公司,要抱着"既然这家公司是我自己找的,就应把它当作自己的家,好好学习,努力工作"的决心,不可以在其位,却不谋其政,浪费生命,也拖垮公司的前程。

适当定位

基层有好好工作的决心,还需要适当定位。身为基层,对于公司的措施,不见得样样明白为什么要这样做,但是不可以因此而马马虎虎。应该确认"公司之所以这样做必然有它的道理",虽然这种基础是含含糊糊的,只有信心而缺乏真正的了解,却必须清清楚楚地照着公司的规定去执行。

能够用心去了解公司为什么这样做的道理当然很好,不能了解或者了解得不够透彻的时候,便只好"含含糊糊地清清楚楚"。唯有如此,公司的决策才有真实的执行力,得到有效贯彻。

中国人判断是非的标准是"谁说的",如果张三说的,对;如果王五说的,不对。因为张三平日说话十分可靠,他说的话可以判断为"是";王五经常乱开玩笑,说话缺乏真凭实据,他所说的就断定为"非"。这就是"含含糊糊地清清楚楚"。

基层盲目听从上司的指令当然很可怕;完全不相信上司,只凭自己的判断来行事,那就更加可惜。配合正直而关怀自己的上司,可能是比较妥当的方式。

尊重中坚干部的中介功能

公司与基层毕竟有一段距离,所有政策必须通过中坚来传递。中坚有没有擅自变更或者故意曲解,仍待基层细心求证。所以基层依平日的真诚关怀与否来衡量中坚。

关怀并不是讨好,中坚用讨好的心态来对待基层是行不通的。关键是真正为基层考虑,希望公司和基层同步发展,彼此都好,以大家好为诉求重点。

基层对某些制度或措施,不免只有含含糊糊的了解,要求他们样样弄清楚再判断其是否合理,恐怕不太可能。理论上公司应该把话说清楚,实际上有些事情永远说不清楚,甚至有些事情愈说愈不清楚。

基层可能弄清楚的最好弄清楚,实在弄不清楚的,相信公司的决定方为上策。有时候"含含糊糊地清清楚楚",不但可以促进公司和谐,加速公司进步,而且自己从做中学习,逐渐由不清楚而清楚，也是很有助益的。有条件的"含含糊糊地清清楚楚"，是基层发挥执行力的最佳保障。公司进步的基础，正在于此。

游走于四种不同的象限

任何组织实际上都由三种人组成。当然，有人会质疑，难道没有"含含糊糊地含含糊糊"的人存在吗？站在管理的立场，我们希望组织把这种人过滤掉。在甄选人员的时候，务必挡住"含含糊糊地含含糊糊"的人，以免招来无穷后患。

"含含糊糊地含含糊糊"显然和"清清楚楚地含含糊糊"不同，前者是标准的糊涂虫，什么事情都弄不清楚，什么事情也弄不好。后者是俗语说的"装迷糊"，实际上一点也不迷糊。小事迷糊，大事不迷糊，这种人聪明而不精明。精明的人有一点过分"清清楚楚地清清楚楚"，聪明外露，往往被人视为目标，当作靶子，相当不利。聪明而不精明的人深谙深藏不露的道理，比较容易立于不败之地。

事实上，我们每个人都可能在这四种不同的象限中打转。有时候会"含含糊糊地含含糊糊"，我们姑且称之为"当局者迷"，其实是利害关系使我们变得迷迷糊糊。有时候会"含含糊糊地清清楚楚"，把不知的当作已知，贻笑大方。有时候会"清清楚楚地清清楚楚"，特别是牵涉专长领域，必然胸有成竹。有时候也会"清清楚楚地含含糊糊"，显露出处世艺术的一面。

组织内的每个人假若明白自己具有这四种状况，便比较容易了解自己的作为，更有自知之明，对自己或对组织而言是有利的。同时，我们也比较容易了解其他同事的行为，对于彼此间的沟通与协调有很大助益。明白对方的处境，就比较容易了解他的用意。

第五章

总裁要知人

知人要从个人形象识别着手,所以观人术成为总裁的必修课程。我们从先哲的言论中可以找出一些基本道理。最要紧的是人不可貌相,不应该仅凭第一印象就论断人,以免看错了,痛失良才。

要知人必先善于观人

观人术不是相人术

汉高祖刘邦年轻时到吕公家中做客。吕公看刘邦相貌奇特,决定把唯一的女儿嫁给他。三国时桥玄初次遇见曹操,观察曹操的言行举止,心中明白"这个年轻人不简单",给予了很高的评价。

自古以来,观人术十分发达,简直到了神乎其技的地步。观人不是相人,也不是算命。是通过进一步分析人的眼神、表情和举止获得综合性判断。

三国时魏国刘劭著有《人物志》,其中有一篇《八观》,我们可以依据其推导出八种观察人的方法。

表5-1 八种观察人的方法

观察人的八种方法	详解
有的人在事不关己时会说很多漂亮话,等到发现和自己的利益有冲突时,马上换另一副面孔	这种人反复无常,完全依自己的利益取舍,不必期望他能够做出什么好事
有的人善于伪装,一副忠厚老实的样子,却往往包不住内心的虚伪	观人时必须仔细分析他所说的话,分析究竟有什么目的。遇到假意附和、勉强应付的人,千万不要被他的美丽言辞迷惑
有的人颇有名气,特质已经相当显著,为大家所认定	不论他以哪一种特质而出名,都应该如实查看名实之间的差距是大是小。依他所得的名,来观测他所做到的到底有多少。一点一滴累积起来的名气,就比较可靠。一下子冒出来的就要加以辨明
有的人似是而非,例如轻诺,表面上看起来十分热心,实际上却很没有信用。当面表态尽忠,背后恰好相反。有些人的表现与实际相反,例如大智的人,看起来笨笨的,实际上对一切都很明白	到底属于似是而非,还是似非而是,最好观其所由,从他做事的动机来详察,才能够察是明非。最好的方式是从人际关系看他的爱心。真正具有爱心,而且知道合理表现的人,应该比较可靠

(续表)

观察人的八种方法	详解
有的人爱少于敬,一天到晚绷着脸,喜欢装腔作样,自认为行为廉洁,便看不起旁人	这种人缺乏领导能力,不适合从事公关事务。但是,看得起别人,也得有充分爱心,才能够打破人我的藩篱,建立良好的人际关系,以求与人相通而不自我闭塞
有的人好胜心强,喜欢夸耀自己的长处,以刺激别人的短处	这种人不问自己的能力如何,总想胜过别人。如果不能获胜,就会妒忌、怨恨。故意让他尝尝败绩,便不难了解他的个性
任何人都有长处,也有其缺点	我们欣赏他的优点,就应该同时容忍他的短处。但是,具有缺点的人未必有长处,而有优点的人,必然有缺点。观人的短处来了解他的优点;不要看他的长处来指责他的缺点
每个人的修养功夫,都是层层上升的	勤于学习的人,不一定有才能;具有才能的人,未必就明白义理;明白义理的人,不一定有智慧;智慧足以处理事务的人,未必合乎正道。我们对人不要苛求,应该依层级来观人,才不致觉得人人都不如我聪明,反而乏人可用

观人要把握三大要领

总裁观人,至少要把握以下三大原则。

从外见内

观不是泛泛地看,而是深入体会观察。观人要从一个人外在的表现看出他的内在实质,并不是件简单的事。外在表现包括精神、筋骨、气色、仪容和言行,《人物志》列出九征,分别为神、精、筋、骨、气、色、仪、容、言,依据这九种外在表征,可以看出一个人的性情,以了解他的平陂、明暗、勇怯、强弱、躁静、惨怿、衰正、态度、缓急等。

人的变化相当繁杂,不管采用哪种分类法来加以归纳,都显得牵强而不够精细。但是,以简御繁,归纳成简单的几个类型仍然十分必要。

由显见微

处事的原则在由微见著。观人的要领,应该由显见微。有些人东张西望,有些人气定神闲。前者常拿不定主意,后者可能是临危不乱的高人。一个人的气质很容易从容貌和姿态上看出来,无论眼神、印堂和眉目,都相当明显。但是,如何从这些明显的象征看出他微细的性格,就需要丰富的经验和学识。因为一个人即使先天的相貌和姿态良好,如果后天不努力进取,磨炼才能,也不会有多么大的成就。总裁观人,看到一个人的大体形态后,还要深入了解,从他的微细动作上,研判修为和言行,便不至于看错人。

识同辨异

人似乎只有几种类型,再细加分析,则同一类型的人又有不同的情性。从同中发现差异殊为必要。王莽和诸葛亮,有很多相同的地方,结果王莽篡位,诸葛亮则鞠躬尽瘁。总裁若是不能识同辨异,把王莽看成诸葛亮,岂不是自寻倒霉?同样能言善道,有些人空口说白话,什么事情交给他都没有结果。有些人说了算数,办起事来相当可靠。最可怕的是有的人缺乏定性,有时候如此,有时候又不是如此,令人捉摸不定,实在无法信任。

总裁希望探知各种人的内在本质,必须掌握上述三大原则,对人的性情做深刻的观察。千万不要期待完美无缺的人,必须用其所长,让人才充分发挥才能。

观人要研究一些基本道理

从先哲的言论中学习

管仲是齐桓公称霸的功臣,他在公元前7世纪就提出观人的十二准则(见表5-2)。

表5-2 管仲的观人准则

十二准则	详解
訾誉的人不能委以大任	訾是毁谤,誉指赞扬不肖的人。訾誉的人嫉妒心特别强。人难免都会妒忌别人,太强的嫉妒心容易产生怨恨,甚至愤而谋叛。这种人不是好的领导者,也不能委以重大责任

（续表）

十二准则	详解
谟巨的人可以共谋大事	谟是谋的古字，意思是谋划。谟巨就是远大的计划，能够顾及天下，而不局限于一家一国的利益。谟巨的人眼光远大。有些人眼光短浅，只顾眼前利益，只能加以指使运用。要共谋大事，必须寻找有远见、能推测未来的人
顾忧的人能担重要任务	顾忧的人善于自我反省。凡是明白知道自己所作所为的人，责任感大多很强，可以放心地把重要任务委托给他
急躁的人要设法远离	性情急躁的人只知道追逐眼前的名利。往往毫无计划，便贸然采取行动。这种人最好想办法远离他，以免受他牵累
举长的人要耐心期待	举长的人能预测将来，注重追求长期利益。这种人外表看起来并不聪明，却常大器晚成。要耐心对待，期待他有良好的表现
裁大的人能受人尊敬	裁大的人能够果断执行大事，受到大家的敬重和支持。有些人只能做小事，不能期望他办大事。不能因他小事办得好就把大事委任他。总裁对于裁大或裁小的人，应该分辨清楚

（续表）

十二准则	详解
餐食的人不可以重用	餐是嫌食的意思。餐食的人太过挑嘴，身体不会健康。思想太偏激的人，同样不会成大事。总裁发现思想过分偏激的人千万不要重用，以免胡乱惹事
必得的人做事很不牢靠	必得的人轻易就断定没有问题。这种人判断事情过于草率，办事不牢靠。对他说的话总裁要特别小心，否则就会上当
必诺的人不能够信任	必诺的人随口答应"我负责"，结果不能达成使命，又找出许多理由来推诿塞责。这种轻诺寡信的人不足以信任
小谨的人很难有大成就	小谨的人拘泥小节，也贪求眼前小利，不容易有大成就
小功的人要再仔细观察	有些人在问题很小的时候，就能把它解决掉；有些人却只能够解决小问题。这两种人要经由比较长期的观察，才能够加以分辨
言必有中的人能担大任	平常不太说话，一旦开口就能切中问题的核心，这种言必有中的人，谨慎小心，可以承担大任。

姜太公看人本心的方法

《六韬》可能是后人伪作,不过其中所载的看透人的本心的八种方法实在很有意思(见表5-3)。

表5-3 姜太公看出人的本心的方法

八种方法	详解
问之以言,以观其详	提出一些问题,让对方解答,可以观察他的理解程度。总裁最好养成习惯,遇到问题时向下属征询意见。从他们的答案中可以逐渐了解他们的真正实力,因而获得深一层的评价
穷之以辞,以观其变	抓住一个问题不断追根究底,密切观察对方的反应。有些人相当自信,有些人则惶惶不安。从他的表情变化,可以看出他的真假虚实
与之间谍,以观其诚	假意派遣间谍去引诱对方共同谋反,看他是否忠诚。这种方法,迄今仍然是鉴定员工的参考。在他面前抱怨总裁,看他会不会附和

(续表)

八种方法	详解
明白显问，以观其德	故意把秘密说给对方听，看他能否保密。有时也可以提供假情报，只要泄漏出来，马上知道他不能守口如瓶
使之以财，以观其廉	让他经手钱财，看他是不是清廉。有些人喜欢接受贿赂，有些人则不清不楚，有些人甚至中饱私囊。从试验中了解他，比较可靠
试之以色，以观其贞	不露声色地带他到声色场所，看他如何表现。沉迷于女色的人，就可能因女色败事，不可不提高警觉
告之以难，以观其勇	把困难的事情告诉他，看他有没有勇气承担。一般人对具有挑战性的工作都有些畏惧。如果有勇气面对挑战又确实用心，可以委以重任
醉之以酒，以观其态	酒醉容易失态，更可能乱性。酒品不佳的人醉起来胡言乱语，行为轻浮。把对方灌醉，赶快观察他的样子，对判断人品有相当帮助

公司里的三种人 —— 出世的观点

有人把人分成三种：等死的人、怕死的人、找死的人。一天到晚一副没精打采的样子，即是等死的人。清晨四五点钟就爬起来打太极拳、登山、慢跑、晨泳、静坐，一心一意想把身体练好，期待永葆健康，不要衰老病痛，都属于怕死的人。

至于找死的人，则处心积虑，把自己的精力和心神都消耗在追求名利上。不论为公为私，结果并无两样。

公司的人员同样包括这三种人。一般而言，等死的人最多，怕死的人次之，找死的人最少，也最为可贵。

等死的人

天天过着"不迟到、不早退"的生活，有规律地饮食、作业。等满一个月领一次薪水。就这样一路等下去，等到退休，然后死去。这种人多半奉公守法，是组织的忠实支撑者，也是公司里比较不起眼的人。

怕死的人

怕死的人随时提高警觉，遇到工作能推即推，因为多做多错。有意见不敢说，由于经验累积，深知先说往往先死，何苦来哉？有机会不愿意争取，唯恐争不到被打入"反对派"，被"秋后算账"。

这种人大家厌恶，却又很无奈。

找死的人

最有吸引力的，乃是找死的人。他们企图心旺盛，行动力也十分强劲。不论是带头冲刺，还是鼓动风潮，都表现得一身是胆，浑身是劲。

一般说来，总裁很少是等死的人，因为按部就班顶多晋升到干部,不太可能成为总裁。总裁也不是怕死的人,因为不敢冒险,毫无"赌"志,同样缺乏担任总裁的条件。总裁多半属于找死的人。安定的日子不过,偏要追求风风雨雨;固定的薪水不领,要尝尽酸甜苦辣,徘徊在名利的坎坷之途,不是找死是什么?然而总裁的数量却有增无减。可见再可怕也不断有人来找死。

就算是抱定"钱够用就好,要做一些对社会有利的事",凭着强烈的社会责任感去找死,达成求仁得仁的愿望,也不能因此不再时时找死。

当然,总裁在事业有成后,唯恐体力日衰,不足以控制全局的时候,也会变成怕死的人。秦始皇、汉武帝缔造了极大的功绩,也免不了相信神仙,企求长生不老。一旦由找死迈入怕死,就是专制的魔王,而不是明智的总裁了。

总裁也可能变成等死的人,退休之后不能开创新生活,经常怀念往昔的权势与威风;或者丧失健康的身体,不断埋怨以往的废寝忘食,都会坐以待毙。

总裁要以平常心面对这三种人

总裁本身以找死为正常状态,公司内部则不论何时都遍布等死、怕死和找死的人,总裁既无法排除其中任何一种,也不能心存偏见,以致蒙上歧视恶名。最好的方式应该是兼容并蓄,以平常心来面对这些员工。但是总裁必须以不同的方式来领导这三种不同心态的员工。

以关怀的方式领导等死的下属

对于等死的下属,要以关怀的方式,用合理的态度来对待他们。因为大部分工作实际上都依赖他们来完成。对公司的安定与正常运作,他们有很大贡献。如果没有这些员工,例行性工作由谁来推行?总裁千万不可看轻这群等死的人。更不必期望他们变成找死的人,以免大家一天到晚不是创新,便是革旧,反而没有人专心推动业务。

以信他的心情感化怕死的下属

对于怕死的下属,要以信他的心情来感化他

们，使其转变为等死或找死的人。通常他们怕死的原因，是在提防总裁的不信任。总裁愈不相信他们，他们就愈缺乏担当。如果总裁能够明显地信他，用信任的态度来面对，那么他们就会逐渐放心工作，慢慢变成勇敢承担。

以诱导的方式引导找死的下属

对于找死的下属，要以诱导的方式，引导他们到正途上，让他们去发现缺点，设法改善。却不可以让他们制造纷乱，或者引起无理抗争，以免影响士气，导致无谓纠纷与混乱，降低公司生产力。找死的员工充满活力与构思。表现在正面上，会提升公司的创造力。表现在负面上，则容易惹起事端，制造冲突，对公司的发展有害无利。总裁要以更大的包容心来善待这些找死的人。

同时，总裁也应该发挥怕死的精神，重视员工的体能运动与保健，让大家不要过分劳累。鼓励等死的作风，使大家遵守规范，重视纪律，以维持公司的伦理。至于天生具有找死倾向的员工，要个别加以辅导，使其步入正轨，找到重于泰山的方向，以造福团体。

公司里的三种人——入世的观点

从入世的观点来说，公司里经常存在三种不同类型的员工：一是有特殊贡献的人，属于公司的"红人"；一是奉公守法的人，属于公司的"黄人"；还有一种是低于水准的人，属于公司的"黑人"。

这三种人的界定十分主观，其中总裁的判定占很大比重。总裁对员工的观感，员工很快就看得出来，顺着总裁的心意推波助澜，显得总裁眼光非常正确，于是这三种人泾渭分明。

"红人"

有特殊贡献的人属于公司的"红人"，大多获得了总裁的特别支持。如果总裁不支持，甚至不给他机会,就算是天才,也表现不出来。这些"红人"在员工心目中多少具有特权,至少在总裁面前说起话来比较有分量。

"黄人"

奉公守法的人属于公司的"黄人",他们做得好是应该的,没有人会认定他们的功劳;做得不好就会挨骂,认为他们故意偷懒。这些人往往自己检讨:"个性太直,不善于讨好总裁。"其实不然,是他们不懂得人际关系,才弄得如此尴尬。

"黑人"

低于水准的人属于公司的"黑人",大多自知是总裁心目中的"呆人"或"废人",做不做事都会遭到白眼。这些人心里有数,自己反正做什么事都不可能获得上级赞许,乐得混一天算一天。

防止"白人"产生

民主时代,一种被大家哄抬而出、自以为正义凛然、广受支持的"白人"应运而生。这些人由于被捧得高,真以为自己足以双肩挑重担,无论做什么事都显得理直气壮。"白人"似乎什么人都不放在眼中。三种人中都可能产生"白人"。事先防止"白人"产生,是比较妥善的做法。总裁必须慎重处置,才不致大乱。

以公正的态度来评估员工

首先,总裁要重视客观的人事评核资料,要以公正的态度来评估员工。完全依凭资料会造成许多投机取巧的伪君子,他们完全符合要求,却大部分在做假。总裁必须做到大公无私。

其次,形式上的考核由组织系统去运作,由人事评议会做决定,总裁根本不必去管它。总裁只管实质上的考评,在心目中,把员工分成"没有你我会死""有也好没有也好",以及"早走早好"三种。但是,千万不要说出来。有人询问也绝对不要承认。"没有你我会死"的人,也可以说成核心人物。"有也好没有也好"的人是一般员工,要留下很好,哪天想走,也会挽留,若他们还是坚持要离开,那就请便。"早走早好"的人是总裁恨不得早日离开的员工,简直看到就有气,只是不方便明示而已。

对于"没有你我会死"的员工,总裁一方面要特别给予照顾,另一方面要让他们避免"红得透白",不能够受人利用,连总裁的话都听不进去,终有一天会彼此闹翻。

一般员工大多是"有也好没有也好",总裁要礼遇他们,设法激发他们的潜力,使其逐渐改善,提高生产力。所有薪资福利都依照这群人制订,在没有变成"红人"之前,不会特别照顾他们。

至于少数"早走早好"的人,总裁只能通过班底,想办法改变他们。实在无法改变,要设法让他们离开。总裁在表面上始终不要露出希望这些人辞职的信息，口头上也务必留他们，最好还欢送他们，让他们有面子地离去。好聚不如好散，散得不好，很可能带来后遗症，必须防患于未然。

总裁心目中应该放弃对三种人的区分，尤其不可以受制于"白人"。总裁总希望"早走早好"的人愈少愈好，而"没有你我会死"的人也不能太多，以免危险性太大。大多数人"有也好没有也好"，才能以平常心来理人安人。

不要重用"白人"

"白人"最可怕的地方是自以为了不起。天下的道理他最懂，责任他最重，行为他最正确。公司难免出现"白人"，因为这是时代潮流。但是总裁不可以重用"白人"，否则大家争做"白人"，整天"造势不做事"，放着正事不干，公司迟早要完蛋。

总裁对"白人"让步，"白人"就会更加气焰高涨，他们向来得理不饶人。公司愈鼓励有话直说，"白人"就愈多，总裁会愈来愈无法受到应有的尊重。

"白人"所秉持的"自由、平等、法治"理念非常正确，可惜他们的真实行为显然违反了合理自由，过度滥用了自由，曲解了平等，把自己变成了新的特权，口口声声"强化法治"，却屡次以身试法，游走在法律边缘败坏风气。

平心而论，我们不害怕真正的"白人"，因为他们果真为公理奔走，令人钦敬。我们所害怕的是假的"白人"，表里根本不一致。这些人虚有其表，却往往欺骗支持者，令人痛心。

总裁客观对待员工的能力差距

总裁不要自以为比员工能力强

公司的成员都是经过甄选、测试，合格的才录用的。这已经把不合格的人都过滤掉了。

某甲因公出差时,一直担心自己不在公司里,同事一定会感觉十分不便,若干事宜可能大家无法处置。结果他返回公司才知道并非如此。大家精神愉快,事情做得井然有序。有他没他似乎没什么差别。他这才顿然省悟,公司并没有非我不可的必要性,因而更加尊重同事,也更虚心配合同事的需求,务求彼此互助,以利事务进行。

总裁觉得自己责任重大,一旦离开公司,必然天下大乱,会招来很大的损失。真的出去了,才逐渐发现自己似乎并没有那么重要。于是心里明白:"人很容易自负,把自己看得高,把别人都看得低。"

自负的总裁认为"公司内我最行,不然为什么我当总裁"?这就会造成无人可用的状态。员工的能力都不及总裁,其实并不是总裁的福气。

总裁不自负,知道人的能力相差有限,不可以轻视别人。这样的心态才有可能形成无人不可用的局面。员工都能干,总裁不必太伤神,才是天大的福分。

总裁要奉行达摩三律

事业要成功,身体也必须健康。既然公司内部都是有用的人,总裁为什么还要用自负的态度来显现自己的地位呢?如果不发火,员工就不尊重总裁,那是组织有问题,不是单凭发火就能够改变的。

总裁要奉行达摩大师的三条规律。

不急躁

中国人常说急事缓办,并不是手足缓慢,而是心中不能急躁。总裁若是为了凸显自己的地位,显示与人不同,完全不顾虑任何人,自然会表现得十分急躁。这不是个性,多半是心情使然。"我这么伟大,怎么不可以急躁""我就是这么急躁,你们把我怎么样",却不知道急躁的人肝火上升,伤了自己的身体、思虑欠周全,常常顾此失彼,忽略了重要环节,因而招致失败。

不生气

总裁发脾气主要也在表示自己和别人不一样。日本一位自认生来脾气不好的人去请教盘珪禅师,应该如何改变自己。禅师要他把与生俱来的坏脾气拿出来看看。他老实地说:"我今天没有带来。"禅师告诉他:"可见你的坏脾气不是生下来就有的,是遇到某些事情才会出现的。如果在紧要关头能够克制自己,就没有坏脾气了,不是吗?"生气只会使原本会做事的人不情愿好好去做,损害自己的健康,造成不愉快,何苦来哉!总裁要明白,生气不过是拿别人的错误来惩罚自己,是愚蠢的,丝毫不神气,更谈不上威力。

不忧虑

君子不忧不惧,并不是什么事都漠不关心。反正天塌下来还有更高的人会顶住。总裁忧虑,主要是谁都不可靠,只好靠自己。如果改变一下自己的态度,对别人有信心,让他们也分担一些责任呢?

员工的表现若是用恶意解释就十分可怕，值得忧虑；若拿善意解释，便又不需要忧虑。总裁最好积极使自己无所忧无所惧，不但自己健康，员工也才敢于发挥能力。

人各有长

某甲在处理某些事项上表现得可圈可点，而在另外一些事项上却显得十分笨拙，几乎无法可施。某乙在某甲显得笨拙的事项上，虽然有其独到之处，但在其他事项上，却无论如何都不如某甲出色。这是因为人有所长，必然就有所短，很难全能。

人各有专长，千万不要因为他在某些项目中出人头地，便认定他全能。千万不要由于他在某些项目中表现欠佳，便断定他一无所能。有人把诺贝尔奖得主当作万事通，以致问道于盲。总裁不可以如此，否则就会扼杀人才，气死专家。

"问题可以用知识来解释，但是知识常常不能解决问题。"有知识的人遇到问题，往往长篇大论，搬弄一大堆名词，却无从下手。没有知识的人凭着丰富的经验，可能妙手回春，也可能阴差阳错把问题弄得更加不可收拾。仅凭单一标准便要判断人的能力是十分愚蠢的事情。

员工有时有天才的表现，那是发挥潜力。不过，员工常常依照总裁的期望，表现出总裁期待的行为。总裁把某丙看成白痴，他就几乎成为白痴；总裁视某丁为天才，一夜之间，某丁就高明起来。

亲亲尊尊还要能贤贤

亲疏有别

有些人批评我们中国人"特别照顾亲人"，觉得是一种自私的表现。请问：一个连亲人都不肯特别照顾的人，值得我们信赖吗？

"父子同心,黄土变金。"父子不同心,有时会陌如路人,甚至变成反目成仇的悲剧。朋友翻脸,各走各的道路,大不了彼此不相往来。家人翻脸,由于互知底细,更为凶残可怖,兄弟阋墙向来被视为十分可怕的不幸事件。

用人有一定标准,凡是合乎标准的亲人优先考虑,是所谓举贤不避亲,没有什么不好。

亲亲之外还要尊尊

资深员工能够待得长久,必然有他的贡献。升迁有一定的标准,凡合乎标准的,以资深者为优先。不能单凭一句"青年才俊",便把资深员工集体扼杀。资深不是罪恶,不要赶尽杀绝。有时候总裁自己最资深,竟然也发动年轻员工来气走资深员工,造成不安。

老板亲亲、尊尊,一方面可以增强亲人之间的凝聚力,一方面可以添加资深人员的向心力,公司的风气才会正常而良好。何况重视亲亲和尊尊,并不会妨害贤贤,不需要担心会扼杀人才。

问题是原本值得亲近的亲人,久而久之,可能变成不值得亲近;本来值得尊重的老人,也可能日久而不值得尊重。这是双方面的事情,并非单方面能够控制的。不过,总裁的主导力量必须大于对方。

总裁自己不亲亲、不尊尊,企业文化和中华文化大环境不能配合,万一亲人叛离、长者心寒,后患必定无穷。

生生不息更需要贤贤

公司希望持续经营,生生不息,就必须贤贤。贤贤类似西方能力主义,即重视有能力的人。公司当然需要有能力的人,没有人会否定能力的重要性。

亲亲、尊尊都以贤贤做基础。离开贤贤,亲亲会变成亲情本位,迟早被亲人害死。尊尊会形成众人怨恨的"老而不死",年轻人不求上进,公司也会完蛋。

用人要有一定标准,升迁也要制订标准,实力必须达到某种需求才能够亲亲、尊尊。亲人优先,大家就会互相勉励,把家教做好。资深者优先,大家会安于本业,不见异思迁,胡乱跳槽。经验累积下来,新人当然要用心学习,不会一天到晚想入非非。

选贤举能,企业才能永续发展。亲亲、尊尊也是一种必具修养。年轻人若是不能亲近亲人、尊重长上,怎么算是贤能之士呢?年纪轻轻便恃才傲物,实在是可怕。

总裁如何在亲亲、尊尊、贤贤中找到平衡点?一般性工作以亲亲为重。鼓励亲人奋发自强,表现得比别人好,才能够顺利晋升。特殊性工作以贤贤为重。亲人中有特殊才能的当然可以考虑,不过要把特殊才能摆在前面,通过这一关才能够考虑其他条件。晋升的时候以尊尊为重。条件相同,年资深的优先升迁,鼓励大家安心工作,专心研究所需技能。形成长幼有序的风气,大家才放心把经验传授给年轻人。

当总裁最有机会修行

中国人重修己,也希望多多积德,主要即提醒大家要凭良心。当然,修行绝不是总裁的专利。所有人为了自己,都应该重视良心,好好修治自己,使自己心安理得,做起事情来心无旁骛。

总裁特别需要修行

比较起来,总裁更需要修行。因为总裁大权在握,可以为善,也可以为恶。没有权力的人,只能建议,无法决定。下属做坏事,将来还可以辩解是总裁的命令。总裁做错事,就无法为自己辩护了。有权的人,好像什么地方都有利,但是在承担后果上，似乎相当不利。

总裁的社会责任说起来也是一种修行的表现。总裁真心负起社会责任，员工自然具有使命感。总裁只是口头上说得好听，心里对社会责任漠不关心，员工也会受到感染，不具有使命感。

员工只对自己的修行负责任。总裁除了对自己的修行负责任外，还要为全体员工负责任。总裁责任重大，如果不能好好修行，所受的惩罚远比员工更严重。

总裁比员工更容易修行

松下幸之助一再指出，一个团体或一个组织的领导者，果真具有领导才干的话，就可以带动团体全员进步，也就是团体之福。反过来说，如果领导者欠缺这种才干，组织就无法向上发展，甚至不但无法发展，而且有崩溃之虞。可见一个领导者是否具有适当才干对组织来说是多么重要。

总裁妥善领导，组织全体欣欣向荣，对社会有良好贡献，这是最大善事，也是修行的良好结果。身在其位，必须把应有的责任付诸实现。总裁像总裁的样子，做好总裁应该做好的事情，便是一种修行。

松下拿自身的经验告诉大家：经营难免要遭遇种种困难，有时甚至陷入进退两难的局面。总裁在面对困境时，如果以坦诚的态度接纳事态的严重性，再安静地思考原因，往往会发现有些原因是外来的，而大部分原因则是产生在内部。知过能改，善莫大焉。

总裁面临困难，可以修行。身处顺境的时候，修行更方便。问题是困难当前，总裁就会找借口，等问题解决了，再来补做善事。然而，身处顺境时，觉得日子好过得很，似乎什么事情都比不上赚钱重要。人类是理由专家，一直寻找对自己有利的理由。这种情况，只有靠自己改变。别人就算看得十分清楚，也没有办法改变，徒叹奈何。

有权是好事，但是有权而不修行，就常常变成不是好事。这种道理往往成为事后之明。大概要等到结果十分明显才会悔不当初。聪明的人行事之先，考虑一下将来会后悔吗？总裁知道自己大权在握，最妥当的办法便是切记有权好修行，多多行善，善尽社会责任。

救人、教人远胜于"杀人"

谁都知道应该重用人才，但是谁是真正的人才？人才又不容易用，因而"运用权力，把他杀掉"便成为总裁最有利的法宝。历来总裁都精于此道，原来是有依据的。

总裁看得起员工，尊重员工，让他们不致怨恨离去，将来挖空心思来"公报私仇"。杰出的人才，又往往很难为总裁所用。总裁有权，如果再明白"有杰出人才才能辅助总裁，将总裁的伟大显示于世间"的道理,就会挽救人才,一方面救人于危难,一方面也帮助自己修行。

总裁如果不懂得怎样裁制衣服,会请高明的裁缝师。但是,遇到重大事项,他们就认为自己最有本领,反而不请教真正的专家。这种"懂得小道理,却不懂大道理"的结果,使总裁无意中失去许多杰出人才。小事委任他人,大事自己承担,落得自苦苦人,自害害人。这样的结果当然不是总裁乐见的。总裁需要智慧,不能完全依赖知识,因为大事的判断,往往非知识所能及。

总裁有三种等级:不重视人才的总裁,迟早要败亡。拥有人才而忽略他们的建议,是愚昧的总裁,事业起伏不定。只有与人才共商大计的总裁,才能够维持稳定成长。

人才不能表现,是总裁不能提供合适的机会。人才一表现就提早"死亡",显然是总裁不能适时救他一命,也是总裁推卸不掉的责任。为什么呢?还是那句老话:总裁有权呀!

总裁只看到自己认识的人，就会为眼睛所害。总裁评估人才，只管使用自己的标准，便会为标准所害。既然双眼所见十分有限，依据标准判断又往往失当。多数人只好聪明地选择"总裁做好人，干部当坏人"，总裁以救人为先，在能救即救的大前提下，让干部去评估，不能救的时候，只好"挥泪斩马谡"。

人类历史上最常出现的悲剧，便是"老板把不忠的人当作心腹，疏远了真正的忠贞之士"。事事拿法做依据，也会阻断下属的忠谏，常常有赏罚制度，而不能得到赏罚的效果。总裁要修行，想救人，看起来好像轻而易举，事实上必须用心提升智慧才行。

第六章

总裁要善任

严格说起来,总裁的主要工作其实就是知人善任。最难在知人,总裁要先知己,然后才能知人。了解自己的个性,有助于知人善任。

善任是总裁最要紧的能力

总裁最难在用人

总裁是人，主要干部和从业人员是人，甚至顾客及所有与供应、销售有关系往来的也都是人。总裁的难题很多，需要人来协助解决。总裁的策略很好，也需要人来努力执行。可见企业经营，根本离不开人。而总裁的最大责任和困难则在于如何有效地用人，即善任。

用人必须有一套良好的制度，作为选用人才的根本。但是总裁是否英明，能不能拔擢精英，善于知遇人才也非常重要。知人是用人的根本，能知人，才能用人。司马迁在《史记·屈原列传》中指出,楚怀王分不清楚忠臣和奸臣,以致内惑于郑袖,外欺于张仪。疏远屈原而相信上官大夫,便是不知人所产生的恶果。

当今民主时代,权威式领导愈来愈不受欢迎,也愈来愈缺乏威力。组织民主化,使总裁用人更为重要而困难。总裁用人贵在知人善任。知人已经不容易,善任更难。贤明的总裁至少要具备知才、觅才、聘才、任才、留才、育才、用才和尽才的本领,才称得上真正会用人。这一连串与人有关的过程,才是总裁必须关心的重要项目。

知才

知才便是知人之明。先确立人才的标准,再据以判明什么样的人才是真正的人才。否则像楚怀王那样,被奸人迷惑,找到了空有其名或虚有其表的假人才,不但贻笑大方,而且害了自己。

觅才

觅才是诚恳地寻找人才,即自动去发掘自己需要的人。每一时代都有很多诸葛亮,反倒是刘备难遇。现在觅才的方式，通常是刊登广告，但很多人广告表达欠佳，甚至官僚气息浓厚，导致吸引不到人才。总裁最好了解"什么样的总裁带什么样的员工"的道理，使觅才的气氛、方式和过程符合自己的个性，寻觅到自己所希望的人才。

聘才

聘才是礼聘人才，把寻觅到的人才，诚心诚意地聘请到公司里来。当年刘备三顾茅庐把诸葛亮请出山，至今被传为美谈。刘备拜访三次，诸葛亮为他卖命二十七年。

任才

聘来的人才，能不能适才适任，即为任才。无论大材小用，或者小材大用，都不是量才而用，亦即任才不当。

有人才还要会用

人没有十全十美的，总裁聘用一个人的长才，这个人的缺失也跟着同时进入了公司，根本无法分离。人各有所长，意思是他只有某些专长，如果不能适才适位，就很难发挥他的长处。这种情况便是知人不善任，和不知没有什么两样，平白浪费了许多时间和精力。古今中外的大企业家，都是能够任贤识能，然后成其大业，所以善于任才非常重要。

会用人未必会留住人才，往往费尽苦心把人才请回来，过一段时间，人才又扬长而去，实在令总裁痛心。总裁合理留才，人才会自愿留下来而不跳槽。很多中国人很奇特，契约管不住，高薪也不一定留得住，唯一使他走不掉的其实还是"情"。常听重要干部说："欠总裁一点情，连想都不敢想要离开。"用正当的情来关爱下属，叫他开不了口辞职，恐怕是留才的最佳途径。

留下来的人就算是真正的人才，用久了也会变质，慢慢竟然成为"呆人"。公司把人才变成"呆人"，便是缺乏育才。育才就是人力发展，唯有促使组织成员和组织同步发展，才不致造成公司进步而人员落伍的困境。这时再来大喊人才断层,实在悔之已晚。

时代进步得十分快速,现有人员如果不能随着时代进步,很快就会落伍。育才是陶铸人才,使其精进不已。企业内训练或是保送到企业外受训,都是为了增进人员的才能,使他有长进,充满干劲。

所培育的人才乐于为公司效命,便是用才成功。总裁由知才、觅才、聘才、任才、留才、育才,一直努力到用才,总算辛苦没有白费。但是最困难的一点,还在于所用的人才愿意为总裁尽心尽力,做到尽才。

尽才必须感之以德

当年诸葛亮不愿意到东吴去服务,宁愿等候刘备三顾茅庐而鞠躬尽瘁。最大的理由莫过于东吴的孙权"能贤亮不能尽亮",仅仅是知道他的才能而尊敬他、器重他,却不能放心让他尽量去发挥。

尽才的意思，在促使下属竭智尽忠，全力以赴。中国人尽不尽力，端视总裁能不能感之以德。让下属体会和认知总裁对他推心置腹，他不好意思不竭尽所能。

齐桓公用管仲、秦孝公用商鞅、燕昭王用乐毅、汉高祖用"三杰"、刘备用诸葛亮，都是老板推心置腹，下属竭智尽忠的好例子。

总裁的成败，知人不知人是关键。知人的要领，在观察他的气象、举止、胸襟、学养、心性、处变、言谈和操守。善任的要领则在量才而用，用其所长；专信不疑，舒展其才；尊贤敬能，切戒骄慢。同时，还要高其位、厚其禄，给予最大的支持和信任。

总裁的最大责任在用人，用得其人，万难都因而解决。总裁能够自信人才就在公司内部，确信公司成员都是经过了慎选，各具专长，而且能够因应环境，自发自动。公司也适时培育，提供相关的训练，使其与日偕进，不断成长。总裁自然心安。在这种气氛中，员工也自动自发，乐在工作。

用人的最高标准在于平淡

中庸最为难能可贵

刘劭在《人物志》中,认为"中和"最为珍贵。"中和"的特质,就在于"平淡无味"。

经常吃一些山珍海味,到头来觉得家常便饭最合胃口。这道理好像是通的,聪明才智如果不能归之于平淡,就会好名、好利、好权、好胜、好色,虽然可能轰动一时,却由于易招怨怼,往往不容易持久善终。

孔子说:"吾有知乎哉?无知也。有鄙夫问于我,空空如也。我叩其两端而竭焉。"苏格拉底也说过:"我所知道的唯一事实,便是我自己一无所知。"孔子和苏格拉底这两位伟大的思想家,都认定自己没有知识,用意在提醒那些以知识自炫的人,让他们明白"笨拙的人最喜欢自以为是,而职位低的人偏要凭一己的意思去做"的道理。

有的人外貌谨慎，行为却傲慢无礼；有些人貌似聪明，却满肚子愚鲁；有的人形貌顺从，内心却轻佻无比；有些人貌似坚强，内心则软弱得很；也有的人貌似沉静，内心却十分急躁。要任用某人时，最好先远离他，看他是不是忠心；亲近他，看他是不是有礼；吩咐他做繁杂的事情，看他是不是有才能；突然问他，看他是不是多智；紧急和他约定，看他是不是守信；委托钱财，看他有没有仁心；告诉他危险的事，看他会不会变节；让他酒醉，看他是不是守法；处在繁杂的地方，看他会不会淫乱。

聪明的人容易"各执一端以自炫"。庄子在《天下篇》中告诫"只知其一，不知其二"的"专家"，应该自忖"虽有所长，但不兼备又不周遍"，因而自知"不可以拿自己的一偏之见，来否定他人的一切"。现代中国人大多数很聪明，自己的一孔之见、一察之明过分膨胀，拿多元化来掩护，各说各话，很难获得圆满的沟通。

平淡就是中庸而不偏执

平淡的人并不是不聪明。他们在聪明之外,劲气内敛,所以显得大智若愚。孔子主张"不患人之不己知,患其不能也"。现代人的毛病就在于"急切地求为人知,却不著力于知人"。

孔子说:"盖有不知而作之者,我无是也。多闻,择其善者而从之;多见而识之;知之次也。"《人物志》记载:"观人察质,必先察其平淡,而后求其聪明。"一个人懂得谦虚内敛,博学多问,才是真正的人才。世界上偏才的人比较多,有所长也有所短。只知道自己的长处,不明白自己的缺点,实在相当危险。

平淡就是中庸而不偏执,我们从"喜怒哀乐之未发,谓之中"这一句话,可以体会出它代表一种"未发"的状态。人都有喜怒哀乐,如果能够发而中节,一切表现得相当合理,那就是"庸",也就是"和"。

一个人能够从未发之中达成"中节之和",就会随时抱持一颗平静的心,做到在没有人看到的地方警戒谨慎,在没有人听到的地方恐惧护持,以平淡的态度,拿平常心来推行中和的道理。不但随遇而安,而且圆满命中目标。凡是中和的人,必平淡无味,才能够变化应节。

平淡的人会尽力实践平常的德行。平日说话时会力求谨慎,有不周到的地方,会力求改善。说话要顾到能做到的事,做事也要顾到所说的话。这种人不但聪明,而且可靠。远比那些聪明却不可靠的人要稳当得多。

老板要设定用人的标准

什么样的总裁,用什么样的干部。什么样的干部,跟什么样的总裁。总裁的用人哲学,表现在他所采用的用人标准。我们只要看他所用的人,便可以推知他的用人哲学。

"专门饲养恶犬来咬人的主人,本身必定也是恶人"。总裁好或坏,多半通过干部来表现。总裁希望干部有怎么样的表现,要从设立用人标准来着手加以控制。

平淡的人多半是聪明人,聪明人却未必平淡。总裁当然喜欢用聪明人,办事比较有把握,然而聪明人若是不能平淡,就会偏执一端,稍有不满便兴风作浪,弄得总裁苦恼万分。所以"先求其平淡,再求其聪明",应该是比较合适的用人标准。

一般说来,心胸较为宽广的人,能够做到"人之有技,若己有之";不嫉妒他人的才能,而且能欣赏别人的长处,"人之彦圣,其心好之",对于表现良好的人,也能乐于向他学习,并且诚心接纳他。若非平淡中和,恐怕很难达到这种地步。

心胸宽广的人才会谦虚,因而多问、多听、多学习,逐渐使自己"知微也知显、知柔也知刚",成为通才,不致偏执一端,见树不见林。

总裁自己明白平淡的重要,知道"君子比英雄持久"，就会舍弃英雄主义而重视君子之道。然后探求平淡中见聪明、平凡中见伟大的道理，从实际研判中增进眼力，久而久之，便可以明判真伪。大概聪明外露的人多半不是真聪明，至少缺乏平淡的素养，这一点是可以断言的。

不能重用偏才

一般人多属偏才

人的过失和品性有关。人的品性大多趋于偏道。就生存欲望而言，好生恶死，以致贪生怕死。拿合群欲望来说，交朋结友，乃至植党营私。以权力欲望而论，希望外来干涉愈少愈好，却盲目扩张自己的权力，要求他人服从命令。

《人物志》把偏才的人比喻为"一味之美"。企图拿自己的"一味"，放置在"五味"之中，自然不易沟通，很难协调。

偏才的人有"能言而不能行"的，也有"能行而不能言"的；有"长于此而短于彼"的，也有"长于彼而短于此"的。他们"臭味相投"，就会以"非我同类"来排斥不同意见的人，搞成小圈子。一方面画地自限，把自己局限在小圈子里；一方面党同伐异，用小圈子来限制外人的参与，表现出强烈的排他性。有人重视组织，却不重视真实本领，便是拿组织做工具来排除异己，保护少数同类。

滥用权力、营私舞弊，都是偏颇的习性引起的。刘劭认为偏才最大的毛病，在主观太重，并且器量狭隘。只能够接纳赞同自己意见的人，不能接受不同的见解。一切以自己的好恶来判断是非，很容易招致失败。总裁重用偏才，逐渐牵引同类会使整个公司文化失之一偏。

如果总裁非用偏才不可，必须理性地调和各种偏才，使其既知有己，也知有人，彼此尊重，择善去恶，以收互助合作之效。

八种偏才各有缺失

《人物志》列举了八种偏才（见表6-1）。

表6-1 八种偏才的缺失

八种偏才	缺失
清节之人	以正直为度量一切的标准，认为只要正直便是好的。这种人很容易流于自命清高，不重视处事技巧，总嫌别人不够正经
法制之人	以分数为度量一切的标准，认为守法是最好的方式。这种人很容易流于刻板而不知变化，凡事死守规定，绝不通融，不够灵活变通
术谋之人	以思变为度量一切的标准，认为应变是最佳表现。这种人很容易流于玩弄权术而不守成规，不愿意接受制度约束，花样太多
器能之人	以办理、维护为度量一切的标准，认为实务经验重于理论。这种人很容易流于有技巧而缺乏理论，不知道基本原理的重要，不识本原
智意之人	以揣摩人情为标准，韬光养晦，注重权谋。这种人虽然很聪明，但有时会忽略法度教化

（续表）

八种偏才	缺失
伎俩之人	以邀功为度量一切的标准，认为结果比过程更要紧。这种人很容易流于为达目的不择手段，功利心过重，不重视道德的软化作用
臧否之人	臧否就是褒贬，对人做出善或否的评断。以伺察为度量一切的标准，认为区分善恶是必要的。这种人很容易流于苛刻待人而吹毛求疵，虽然也严于律己，却缺乏亲和力
言语之人	以辨析为度量一切的标准，认为说明白、讲清楚才能够真诚。这种人很容易流于口快伤人而不知含蓄，能服人之口却不能服人之心

偏才大多喜欢自我表现，抓住机会就要自我吹嘘一番。遇着有人赞美，就会更加自我膨胀，但是别人跟他说什么，他都会怀疑。只肯听取和他相同的意见，不能接纳不同的看法，这是偏才最大的缺点。

上述八种偏才，总裁只能够参考他们的意见，不应该过分依赖他们，以免为其所害。这些偏才如果能够扩大胸襟，比较容易成为兼才。所兼的才愈多，愈有容纳异见的雅量。兼材愈广，愈见含蓄，足以担当大任。

总裁不要为偏才所惑

现在有些年轻人，电视看多了，总以为会拍桌子骂人，甚至做客人把宴会的酒席桌掀翻，算是出名的捷径。年纪轻的人想把年老的人气死或吓死，争夺权位。似乎唯有违背伦理才能够在最短时间内打出高知名度。不是言语锋芒，用惊人的语气来引人注目；便是行动锋芒，拿剧烈的肢体语言来吸引传播媒体的镜头。

有些总裁已经下定决心，不录用刚刚踏出校门的新毕业生。理由是这些人脑筋太硬，自以为了不起，又锋芒毕露，令人十分伤脑筋。一位获得硕士学位的毕业生在应聘时，总裁亲自问他："如果你到公司来服务，最大的意愿是什么？"他居然回答："替员工争取权利。"弄得总裁胆战心惊，连忙托词婉拒。

总裁让别人去洗新毕业生的脑,洗好了再把他请过来。其实,对偏才的人,应该了解其德行修养,是不是懂得自我反省,能不能掩盖锋芒。最要紧的是有没有谦虚的素养,能不能容纳不同的意见。

通才的重要性

通才就是兼才

偏才喜欢自我表现,对别人的长处不感兴趣;而兼才见多识广,懂得欣赏各种人的优点。

兼才本身平淡无味,才能够调和五味。总裁知人的能力不足,就会被偏才唬住,以为遇到了高手,反而把深藏不露的兼才白白放过,万一为对手公司所重用,那就后悔莫及了。

兼才也就是通才。通才的标准,《人物志》的观点如下(见表6-2)。

表6-2 通才的标准

通才的八种能耐	
聪能听序	一般人的毛病,喜欢说而不善听。善听并不容易,需要相当历练,才能够做到"声入心通",真正抓住对方的用意,做出正确的判断
思能造端	智商高并不代表创造力强,博学多闻的人如果不喜欢无中生有,也很难创造。喜欢动脑,而且有能力创造,必须知道自己如何思考才最有效果
明能见机	机指机会,一个人能够掌握先机,把握转瞬即逝的机会,才能发展出自己的事业。机会来时,往往不容易看出来,所以必须明察力很强,才能见机
辞能辩意	要建立良好的人际关系,必须加强应对力。发言技巧相当重要。言辞能够充分表达自己的意思,不致辞穷理屈,引起误解或造成缺失
捷能摄失	一个人的反应是否敏捷,主要看他能否适时权宜应变,以减少损失。有人善变,却未必命中目标。敏捷之外,还要看他应变的结果,是不是合理有效

（续表）

通才的八种能耐	
守能待攻	善守的人会隐藏实力，善攻的人会瞬间爆发，使人无从防备。守的目的在等待有利的时机来进攻，以求自保而全胜。守能待攻，才是善于用兵的人
攻能夺守	将兵力集中使用，以形成优越的态势。善于攻击的人，必先立于不败之地，然后一举击败对方，冲破守势
夺能易予	凡是心思锐利的人，多半能够以子之矛易子之盾，抓住对方的矛盾，给予挡不住的逼迫，使其不得不认错，夺能易予，才是谈判的高手

兼能八才样样皆通

任何人如果修炼到声入心通，听到声音，立即听懂对方的用意；思想灵活，能够创造新的架构；眼光锐利，足以洞察先机，看准时机的征兆；口齿清晰，而且词能达意，有良好的沟通力；反应敏捷，一看情况不对，马上能够随机应变，而且切合时宜；善于交互运用虚实，做到虚实无形；守时要守其虚，亦即守对方不来攻的地方，而攻时却应该攻其虚，也就是攻对方不守之地；攻能夺守、守能待攻，又能够适时逮住对方的矛盾，一举击中对方的要害，便可以视为通才。

通才遇见通才，如棋逢敌手，不需要多费唇舌，就能够一点便通。通才遇见一般大众，必须耐心体贴，慢慢把众人导入正途。通才除了耐性外，还需要具备"察色顺性"的修养。虽然聪明绝顶，却不炫耀，以免引起众人反感。道理说明白就好了，不一再强调，以免惹得大家厌烦。别人有错误，不必紧盯着毫不放松；自己有道理，也不应该得理不饶人。谦虚待人，才会得到众人的敬重；让别人也表现长处，自然容易产生好感。

有能力、有耐性，加上"无可无不可"，不拘泥不固执的态度，才有足够的资格来担当重要主管。

总裁就算确实欣赏通才，却由于通才严重缺乏，很难找到，最好是引导偏才成为通才。

训练通才的三大原则

总裁要把偏才训练成为通才,首先就要摸清他的专长,和他说一些他喜欢听的,使他因受尊重而产生好感,拉近彼此的距离,然后按照下述三大原则,逐渐改变他的想法。

是非、善恶实在很难明辨

一个人疾恶如仇,必须先弄清楚自己是不是真的能找出恶源。似乎每个人对某些问题平日相当用心,就会肯定自己的心得,因而认定凡反对自己的便是恶人。

这种人如果再心直口快,往往会制造更多是非。自己成为是非人,如何来明辨是非?一般有才干的人,并不认为自己恃才傲物,而在旁人眼中,显然过分自信,也过分固执。总裁要注意干部是否具有娇气,戒之以"临事而惧",不可因总裁的支持而更为骄矜,否则抗拒的力量愈来愈大,终会把总裁也拖下水,后果堪虞。

有才干，还要经得起挫折

有才干的人如果经不起挫折，便锐气全消，代之以惰气，时常自叹无力。这种人徒有专业智能，缺乏好谋而成的修养。

必须养成无时不谋、无事不谋的习惯，使行不通的变成行得通，效果差的变成效果良好的。成功的谋略必须从多方面思考，兼采不同意见。凡是有才干而又成大功的人，多数心平气和，时刻振奋以提起朝气，抱持"习勤可以医惰，善变可以去旧"的心态，扩大自己的视野，力求集思广益，使自己的理想得以顺利而正确地付诸实施。

扩大视野

有机会轮调，利用工作汇报交换经验，参与专案小组学习新业务，都是扩大视野的方法。总裁要培养通才，不要把一个人放置在一个职位上太过长久，应该经常调动，使其获得历练。如果遭遇困难，可以给予他训练的机会，让他学习新知识。愈能够适应新环境的人，愈有成为通才的可能。总裁对于什么事情都能够潜心投入、尽力做好的人,要特加礼遇,不可随意摆布,以免引起"通才等于什么都会,却什么都不专精"的疑惧,使大家自限于偏才而沾沾自喜。

第七章

总裁的六大任务

总裁的任务很多,并没有固定范围。现在列出六大任务:礼遇顾问、配合趋势、重视基层、训练中坚、注意公关、维护家庭,可以说各有不同功能。其中有一些事情可以交由他人去完成。总裁只要抓住要点,不定期审核即可。

礼遇顾问

总裁一天到晚在做决策。决断需要知识与判断。判断必须由总裁亲自下决心,别人很难代替;知识则由于专业分工,有赖于各种专业顾问的建议、评估与协助。

企业界的顾问,除了公司自行聘请的外,还有顾问公司,提供集体力量,发挥全面顾问功能。

顾问的功能,在以其专业知识、卓越见解与特殊技能为总裁提供客观而正确的建议。

礼遇并不立即要求回报

古代老板礼遇顾问,并没有立即要求回报的

企图。平原君出使楚国的时候,希望从顾问群中挑选有勇力、文武兼备的二十人,组成使团。挑来挑去只找到十九人,还缺少一人。这时毛遂跑出来自荐。平原君问他:"您待在我门下有多久了?"毛遂回答:"已经三年了。"当了三年的顾问,老板并不认识他,也未曾派给他任何事项,可见并没有要他立即回报。

不过,古代顾问的要求好像也不高,除了衣食供应外,最重视的就是合理的尊重。他们不按月支薪,却盼望有朝一日为老板所重用。

当然有一些顾问会要求多一些物质方面的报酬。例如冯谖抱怨吃饭时,连鱼也没有,孟尝君就把每餐饭菜都加上鱼。但是,要求多一些,将来的回报必然也要多一些。孟尝君被齐王废除职位的时候,一般顾问都远走高飞,冯谖却游说齐王恢复孟尝君的相位,除了保持封邑外,又增加千户人家。可见付出愈多,将来得回的也愈多。对总裁来说,有能力舍的时候,不妨多舍一些。将来有需要回报时，才有可能获得多一些支持。

总裁礼遇顾问，顾问适时为总裁效命的情况，便是义的投合。

毛遂在平原君门下坐领干薪三年之久，却能够在楚国大显神通，使楚王接受合纵建议，完成平原君的重大使命。平原君从此更不敢以貌取人，对所有顾问，都谦虚地以礼相待。

对待顾问的三大原则

总裁面对各种变数，必须及时做出合理决断。这时需要可靠的顾问来指引明确的方向，提供可行的解决方案，帮助总裁做出正确判断，达成合理决策。

但是，顾问不见得人人都有专业的知识、广大的视野、正确的情报、合理的观念，以及前瞻的判断。如何选择并对待顾问，最好参照三大原则。

不要挟恩求报

信陵君礼待七十岁的穷隐士侯嬴，自己驾车把他迎来，奉为上宾。后来秦王攻赵，信陵君担心胞姊在赵国的安全，便打算率领众顾问入赵国营救。侯嬴因为年纪老大，不想跟着去，向信陵君说："公子努力向前吧！老臣不能跟随您去。"信陵君走了几里路后，心中觉得十分不快，说："我对待先生礼貌周到，现在我将要牺牲了，他竟然没有一言半语送我！"于是又带着车马回来问侯嬴。侯嬴笑着说："臣下本来就知道公子会回来的。"他支开众人，单独向信陵君献计。不论结果如何，信陵君这种挟恩求报的方式，并不值得仿效。施恩不求报反而会获得第三者更大的支持。

不要问道于盲

有些顾问并不自省到底有多大本领，便喜欢胡乱为人出主意。总裁如果不辨真伪，问道于盲，实在是既倒霉又惹人笑话。平原君过分相信冯亭，使赵国在长平一战中失掉士兵四十多万人，邯郸城几乎被秦军攻占，这件事成为天下人的笑柄。司马迁批评他利令智昏，不识大体。

总裁应该对顾问所提的意见做适度的反应，明辨顾问的虚实，做出正确的判断，才不致受害。不论别人怎么说，做出最后决定的毕竟是总裁自己。所以随便相信顾问，责任还是要由总裁承担。

不要吝于礼聘

自古至今，高明的老板都不会因为长期礼聘顾问而觉得所费不赀，因而吝于礼聘。老板投资在顾问身上，虽然不能挟恩求报，却往往会收到"士为知己者死"的效果。总裁不但要多方礼聘各种顾问，而且要为他们提供有利的研究环境，经常让他们知悉相关资讯，才能够在紧要时刻获得必要提示。总裁尊重顾问的客观立场，双方以义相投，才能开出光明正大的花朵。若是以利而结合，大多不会产生良好的结果。

配合趋势

总裁必须有自己的理念

总裁一生最大的成就并不是赚多少钱,或者养活多少人;不在于事业有多大,或者对社会有什么贡献,总裁最大的心愿应该是"把自己的理念表现在事业上"。唯有如此,赚钱才有意义,养活人才显得有价值。事业不论大小,对社会都有正面贡献。

松下幸之助说:"我从事经营事业,前后有六十年经验,因此深深地感到经营理念的重要。"一个公司为什么而存在?经营的目的是什么?要用什么方法来维持经营?关于这些问题,都必须具备基本理念。有了正确的经营理念,才能够运用自如。否则走到哪里算哪里,做出什么算什么。只能说是碰运气,不算是经营企业。

虽然具体的经营活动各时期都有所不同,但是经营理念却一直不变。唯有坚持一以贯之的经营理念,公司的政策才有持经达变的可能。以不变的经营理念,来因应万变的经营变数,才能够万变不离其宗,使公司的经营风格得以持续。

社会情势不断变化,各式各样的问题层出不穷,想要适当加以处理而不太有差错,需要有基本的依据和条件,这就是企业的经营理念。能够使众多从业人员全心全力投入,总裁必须具备正确的经营理念。这是时势所趋,无法避免的。总裁自己若是缺乏经营理念,成员各自为所欲为,形成组织却产生不出组织力。徒有组织的形式,却没有组织的实质内涵,难免一盘散沙。

经营者要有高度自觉,产生自己的经营理念,才能从事有特色而持久的经营。

企业是社会的公共器具,虽然在法律上,有所谓民营形态,但是事业的内容和整个社会有关。民营企业也必须从社会的观点来考虑经营理念。所有权固然有公私的分别,但是所应该负起的社会责任则并没有不同。

当今整个社会朝向国际化、自由化、现代化,总裁的经营理念要符合新的要求。在考虑国际化、自由化、现代化的时候,不要忽略了合理化的重要性,以致国际化形成全盘西化,自由化变成金钱暴力的腐化,现代化也成为中华文化的空洞化。这是应该深层思虑的重大课题。

一般人想到国际化,马上想到西方国家,似乎要事事学习它们,才叫国际化。用国际化来取代中国,等于拿国际化来消灭中国,对我们中国人来说,有什么意义,又有什么价值?

有些人看到自由化,立即想起"言论自由、行动自由",于是滥用金钱和暴力。在管理上,自由也取代了伦理。企业伦理低落,除了怕钱来收买,用暴力来威胁,谁还怕谁?

现代化到看不起中国人,胡乱诋毁中华文化的程度,也是大错特错了。

其实,国际化、自由化、现代化都需要合理

化。总裁要确立合乎时势的经营理念,从合理的国际化、自由化和现代化入手。

调整合理的经营理念

在国际化潮流中创造中国特色

同样经营企业,总裁能够发挥中国式管理,使国际人士刮目相看,才是最大的光荣。中国总裁应该具有这种眼光、气魄,而不是暗地里施展中国功夫,口头上却假托西方管理模式,徒然自欺欺人。

使自己有信心,并且宣示自己采用中国式管理,是中国总裁在国际化潮流中应有的使命。国际化最需要各国的特色,世界才会多彩多姿,不至于单调刻板。

在和谐中求进步

企业管理不要盲目追随社会风气,弄得企业伦理低落。总裁尤其不必相信所谓的自由民主,以免"总裁不像总裁,而员工也不像员工"。

合理的自由,应该是我们追求的目标。合理的不公平也是企业管理秉持的一贯原则。千万不要为了盲目追求公平,弄得大家一肚子气,却解决不了任何问题。

塑造"有本事就来拿,拿不到怪自己"的组织氛围,鼓励"以让代争",在和谐中求进步,才是合理化的自由民主。把金钱和暴力的影响力减低,发扬礼让的作风。总裁倡导礼让,大家自然不敢什么都要争。

现代化不是失去中国化

现代化不一定要西化,中华文化同样可以现代化。可惜现代中国人愈来愈不了解中国人,愈来愈不知道中华文化,这才是中国人的悲哀。现代化好像都在糟蹋中华文化,愈现代化愈失去中国人的味道。塑造具有中国味道的现代化,难道不是中国企业的重要使命?

身为总裁,要为中国人争光,为中华文化做见证。把自己的经营理念,贯彻在员工身上,引导所有员工都成为堂堂正正的中国人,这才是合理的现代化。

重视基层

基层员工最可爱

基层员工身居工作现场,乃是真正处理事务、进行制作的一群人。他们任劳任怨,刻苦耐劳,而且没有野心,能够埋头苦干,自得其乐,实在是最可爱的人。

基层员工构成了组织金字塔的底部,是组织发展的基础。基层员工是不是关心公司、用心工作,是公司能否永续经营的主要因素。

在总裁心目中,基层员工究竟占有多大分量,处于什么地位,乃是决定总裁事业规模大小、事业成功与否的重要标准。

总裁觉得基层员工十分可爱,便会真诚关怀他们,不但关注他们的工作负荷,改善工作环境,提高他们的地位,而且也会照顾到他们的家人和生活,关心他们的子女,考虑到他们退休后的安排。希望基层员工以厂为家,总裁就应该从"进、退、教、养、老、死"等方面,给予他们合理的关心和照顾。

对基层员工的要求

基层员工不同于中坚干部。总裁对基层员工,当然不能像对中坚干部的要求那么多。对基层员工,只要求他们做到下述三点。

一切遵守规定

基层员工的学识经验都不足以让他们合理应变,希望他们随机应变,几乎是不可能的事。何况基层员工擅自改变,产品品质就不容易稳定,所以基层员工最好是一切照规定做,千万不要擅自做主，任意改变。

遇有异常现象，立即向上报告

为了及时修正错误起见，要求基层员工在遵守规定之外，特别注意"遇有异常现象，立即向上报告"。基层员工如果擅自应变，将异常现象调整过来，实在很不保险，万一分寸拿捏得不精准，如何补救？允许基层自行调整，无异鼓励其自作主张，由小而大，往往造成难以弥补的悔憾。可是不许基准变更，如果遇到异常现象，也不向上报告，那就一错再错。两难之中必须兼顾，所以规定基层员工，除了依照工作规范做局部调整外，任何异常现象都必须立即向上报告，以便及时知会上级做好合理补救措施。

为什么只笼统规定向上报告，却不明确指定向班组长报告呢？班组长在场，当然向班组长报告，由班组长及时处理。若是班组长不在场，也可以逾越层级向上报告，以争取时效。

对中坚干部和基层员工要求不同

总裁对中坚干部,可以要求他们"有所变,有所不变",因此当中坚出错时,总裁可以指责他。但是对于基层人员,只能够要求他们做到一切按照规定执行。当基层遵照命令去做而产生错误时,总裁不可以再加指责。

总裁最好利用适当的时机,说明自己对中坚和基层的不同要求,以贯彻基层员工的守法精神。基层稳固,中坚才能应变。

有人担心基层不变会形成抗拒革新的后遗症,这是一种不合理的推论。所谓有所不变,是"一切秉承上级的命令,自己不擅自主张,乱加改变",不是"一切守旧,坚拒革新"。基层对于上级新的命令依然应该遵照实施。有所不变是对现行的规定有所不变,在上级尚未发布新的命令之前,依据现有工作规范,大家才能放心。革旧布新和有所不变是两码事,不必混为一谈。

有的人善变，又好自作主张，因此对于工作规范，多半不能切实遵行，以致产品品质不稳定。规章的公信力也由于基层人员执行时任意擅自变更而令人怀疑，加上基层人员在拿捏分寸方面，往往有过或不及之处，更使人对规章的公平性失去信心。为此，我们要求基层人员不要擅自改变，乃是不得不如此的对策。实际上规定他不变，他仍旧会变，不过会较为慎重，不敢乱变。

训练中坚

中坚不宜改称中间

有些人喜欢求新求变，把"中坚干部"改为"中间干部"，以致原有用意尽失，徒然显得不明事理。中间只能表明所处位置，中坚才能够凸显出独特的性质与艰辛的处境。若是不用心、不小心，必然承受不了上下夹攻的压力,所以非"坚"不可。

中坚所处的环境,"上压、下顶、左攻、右挤",实在十分艰难困苦。必须坚韧不拔,才能合理地因应,进一步开创佳境。高阶压中坚,基层顶中坚,而同属中坚,也互相攻击。这些常见的现象令人烦恼,却也不离人之常情,应该给予谅解。总裁应该重视中坚干部的训练,中坚干部确实左右为难。无论承上启下,或者左右协调,都相当艰苦。稍有不慎,立即陷入四面楚歌的困窘。

总裁要求中坚保持"不越权,不失责"的原则。越权就是"不当决而决",逾越了上级的最后裁决;失责是"当负责而未负责",应该做好的事情没有办妥。越权,总裁不放心;失责,总裁不安心。无论越权或失责,都足以导致总裁心惊胆战,坐卧不安。愈高职位的中坚干部,越权愈可怕;职位愈低的中坚干部失责愈令人担心。

道理很简单,职位愈低,所负的责任愈小,要逾越权限,也越不到哪里去。责任虽小,却不能失误，会因小失大，所以不能失责。职位愈高，所负责任愈大，若是任意逾越职权，为害极大。责任虽大，工作却分割到下级各人去分担，所以只要下级不失责，就不致有大碍。

"不越权、不失责"说起来容易，做起来很难。西方人主张"权责一致"，有责就有权，有权也就有责。我们中国人是"总裁有权无责，干部有责无权"。不越权的真意应该是不逾越老板的最后裁决权，不失责的真义则在不忽略自己应负的责任。越权可能带来功高震主的悲惨结局，失责也可能产生不堪胜任的恶劣评价，两者都是中坚干部的致命伤，必须兼顾并重，力求两面都能够顾及。

平行之间要求互相支持

总裁最好要求中坚干部彼此支持，分工合作，以发挥整体组织力量。这样的组织，才有组织力。

中国人并非天生不可能合作。中国人也能够全力配合。合作不合作是果而不是因，主管的领导合理与否，才是真正的因。我们经常倒果为因，草率地认定中国人不可能合作，以致产生很多误解，对合作丧失了信心。心里有了不能合作的念头，当然影响到实际运作，也就真的不合作了。

总裁鼓励竞争，干部之间会貌合神离，甚至笑里藏刀。总裁倡导互助，彼此才会不好意思不帮忙。

处处重数据，就毫无人情可言。各人眼睛里所看到的，除了数字还是数字，哪里有人的影子？于是全力冲刺，丝毫不顾及别人立场，自然谈不上合作。以"在和谐中提升业绩"为理念，大家才可能相安、互容，至少不敢斗争表面化。

有人批评中国人台面上客客气气，台面下死命较劲。其实，用台面上的气氛来感化台面下的恶斗，刚开始算是做假，假久了就会成真，有什么不好？

譬如总裁可以考核中坚干部，却不应该公开排名。一旦考核透明化，就等于撕破脸，演变成谁也不怕谁的局面，只好等到总裁翻脸再来掀底牌。总裁天天和干部对质、讲理，恐怕有理也讲不清。不公开排名大家照样心里有数，但是顾全他的面子，他就会设法补救。于是左右之间自然会调整，以求获得同事的支持，来挽救自己。

干部能不能互相支持，完全看总裁的领导作风。总裁不能让领导干部分工合作，就不必指责他们各走各的，只知分工而不知合作。

要带领大家群策群力

总裁希望干部真诚合作，至少要做到下述三点。

表面上一视同仁，心里头有区别

总裁不要在口头上说明谁好谁坏，却应该用实际行动让大家看清楚谁好谁坏。前者的用意在安抚众人，使大家都有面子；后者则激励表现良好的人，使其获得应有的奖赏。

嘴上说大家都是好干部，这样大家才会努力改善，乐于用心来追求实质上的特殊位置。

在"不明言"的气氛中，让大家明白总裁善恶分明。在"不惹是非"的情况下，让大家清楚总裁很有是非。用不明是非来表达是非分明，实在是一种高明的艺术。顾及了大家的面子，又相当有效。

大家会竞争，以求实质上的高低，也会极力维持整体和谐。

进者退之，退者进之

总裁要辅导干部把自己分内工作做好，再去支持其他单位。兼顾自己和他人，才是优秀的中坚干部。在自己和他人之间，仍以办好自己分内工作为优先。任何人在没有把本分工作做好以前，支持别人的事务，都不免令人怀疑他是否在"拍马屁"或讨好他人。相反，把自己分内工作做好后，如果不能为主管分忧、为同事分劳，恐怕也是独善其身的自私分子。

鼓励大家做出功劳，却不可居功

大家都不想功劳，业绩从哪里来？有了功劳

就居功，又招人怨、惹人嫉。若是大家用心做出功劳，并且不居功，那么和谐中求进步就不是不可能的事情了。

功劳是让出来的，而责任是抢出来的。一让，大家都有功劳；一争，责任就十分清楚。能让的人，有功劳而不为人所嫉；肯争责任，失误时，才会有人挺身而出，勇敢承认。在这一让一争中，大家和和气气，却又是非分明。

总裁认清这三种理念，并且贯彻实行，大家便会奉行不渝。

注意公关

公共关系由来已久

建立良好人际关系，可以辅助事业成功，因此要重视宣传和公关技巧。

公共关系一度被曲解为讨好群众、蒙骗大家的手段，现在才逐渐恢复正常，被肯定为建立公众信心和增进公众了解的策略与行为。

对总裁而言，公共关系应该是企业经过自我检讨与改进，表现出良好的态度，以获取顾客、员工及社会大众的好感与信赖。

我们常说企业形象，其实就是公共关系的具体表现。社会大众对某一企业产生信任与好感，证明这家企业具有良好的企业形象。这家企业能够顺利真实地把正确形象呈现出来，必然经由不断调整的公共关系，才有了这个结果。

有些总裁和员工都很有社会责任感，无论产销哪种物品，无不用心。但是由于不明白公共关系的重要，不了解公共关系的途径，以致外界不清楚真相，不能加以信赖，也产生不出良好的观感。

某些企业深谙公共关系技术，善于激发社会大众的了解与欢迎。这些企业的公共关系部门已经从扫除纷争进入广结善缘的阶段，把解决顾客的抱怨变成诱导顾客的脾胃,难怪企业形象愈来愈好。

公共关系离不开宣传,如何与媒体合作,成为总裁十分重视的课题。但是,交情固然可以左右部分新闻报道的正确性,其力量显然已经愈来愈弱,因为媒体也在进步,希望获得大众信赖。

企业要自下而上重视公共关系

所谓养兵千日,用兵一时,平时与媒体建立良好的公共关系,紧急、危难时他们才会及时给予支持。

总裁的职责,一方面在聘任合适的公共关系人员,一方面则需要在品德修养和待人处事上以身作则,拿实际言行举止来建立企业内外的良好关系。

公共关系主管在性格方面,最好有和蔼可亲、善于沟通、仪态端庄、判断正确、态度客观、自动自发等特点,并且经常向总裁汇报。

接待人员及保安,实际上是公共关系的第一线人员。如果未经适当训练,往往无意间得罪来宾或顾客而不自知。

总裁再注重公共关系,也可能被客服人员、服务员或者大门保安弄得企业形象很差。当然,业务人员的表现也十分重要,只是大家对业务人员已经有了足够的重视,而对客服人员、服务员或保安人员重视程度不够。

总裁自己的公共关系

至于总裁个人的公共关系,我们列举下述三大原则。

不要过度曝光

除非必要,而且没有经过仔细安排,应尽量先让干部去处置公共关系事务。总裁曝光率太高,无论从哪个角度来衡量都是比较不利的。

总裁亲自接触,当然是必要的。但是千万不可随便出现在公众中,必须事先计划周详,经过一番思考,让大家获得良好的印象。

恰当利用私人书信

书信是公共关系中最好的一种媒介。既属私人性质,又可使收信者产生比任何其他文件更深刻的印象。

例如,年底以总裁名义寄给顾客一封感谢信,并且祝贺新年快乐。旅馆以老板的私函询问住客近况,寄予最大的关怀。航空公司董事长寄给乘客一封私人书信,以示感激。信不必太长,愈简明愈好。

书信能够产生鼓舞作用,除了诚恳外,还应该以肯定代替否定。公共关系专家告诫我们不要发出"关门"的信函,例如"拒绝请求工作",最好改为"有机会时马上联系",不让收信人失望,关系才可能延续下去。

利用适当机会发表演说

讲词的内容不必完全以宣扬企业为主,有时候说一些与业务无关的有意义、有价值的内容,反而更能产生良好的影响。

总裁在学校、俱乐部或其他团体集会发表简

短谈话,若事先准备充分,内容恰当,表达技巧纯熟,往往会收到很好的效果。总裁参加各种社会活动,必须了解自己是企业的代表,随时谨言慎行,以建立良好公共关系。

维护家庭

总裁要想"财、子、寿"兼顾,必须用心维护家庭。因为这三方面都和家庭正常发展与否有着非常重要的关系。

家庭是子女教育的主要场所

今日社会的若干问题,直接或间接都和家庭教育有关系。青少年获得良好家教,在社会上大多表现出正当的行为。虽然现在负责青少年教养的机构愈来愈多,但是家庭仍然是最基本、最重要的教育场所。总裁忽略家庭教育,纵使将子女送入其他机构,也是事倍功半,甚至徒劳无功。

家庭稳定导致社会稳定,对企业的稳定成长实际上也大有助益。

总裁必须了解自己对子女的影响很大,才能够在专注事业之外,仍然不放弃在家庭中的职责。有些总裁由于早年仅知专心事业,忽略了子女的教育。等到子女养成若干不良习惯,再想加以改变,实在非常困难,这时往往悔之晚矣。

总裁应该怎样维护家庭

教养子女是维护家庭的主要项目,那么,怎样教养就成为总裁必须重视的课题。我们提出下述三大原则,以供参考。

用爱心和真诚的关怀,常与子女恳谈

现在的子女教育,固然不能像往昔那样训练子女顺从父母,一切听从父母的教导,却也千万不可

以溺爱或过分放任。让孩童自由发展，如果不能适时加以合理的辅导，往往引发社会问题。

合理坚持父母的主张，使子女继承优良的家风

中国人最可贵的是能以家传祖训来教导子女。使子女以祖先为模范，修养积德，发扬家风。父母常对子女解说祖先的行事为人，告诫子女不可使祖先蒙羞。这种假借祖先的力量来维护家庭发展的做法，巧妙地规避了"要子女向自己学习"的个人主义作风。

父母的主张转借为祖先的主张，由父母合理的坚持，以维护优良的家庭传统。父母以身作则，再合理坚持，子女如有疏忽，绝对不能轻易放过。

不要公开赞扬子女

现代父母喜欢当着子女的面赞美自己的子女。一方面养成了子女喜欢听好话的坏习惯；一方面使子女信以为真，认为自己十分完美。

父母可以背里夸赞自己的子女，也可以给予相当的鼓励，却不必要当着子女的面公开向别人赞扬，否则弄得子女只能夸，不能指责，那就不太好了。

第八章

总裁应该做的

总裁如果能够做到：不多说话，下属便能用心体会；不多做事，员工便能努力；不多管，大家便能自动；不授权，大家便能负责；不紧张，大家便能快速；不发威，大家便能谨慎。那就是无为而无不为，真正发挥天的威力了。

不多讲大家便能体会

权利由他人赋予

总裁有关怀、照顾、教导员工的义务,也有可以享有的利益。一般人把利益看得过分狭窄,看成单纯的利润。实际上总裁除了应得的利润外,还有若干权利,包括依照理念来经营,按照兴趣来选择,以及传授自己为人处世的原则等。其中最鲜为人知的便是拥有少讲话的权利。

少说话并不是不说话,所以不必紧张。少说话不过是"不可不说,不可乱说",以求"不说则已,言必有中"。

权利的本质,乃是由他人赋予的。如果总裁少说话,员工也全都沉默不语,表示员工并未赋予总裁少说话的权利。若是总裁少说话,员工之中有一些人马上挺身而出,把总裁想要说而未说出来的话一五一十地说出来,那就充分证明,这位总裁已经被员工赋予少说话的权利。可以说也可以不说了。

少说话不是没有说话的权利,而是拥有不说话的权利。非但没有损失,而且多了一层保障。说话有说话的利益,不说话也有不说话的利益,两者各有利弊。总裁的权利并不是单纯不发一语,而是先不说话,让员工开口,然后抓住重点,再开口说话,所以每发必中。最后才说话,实际上是一种最后裁决权。想清楚、看明白之后,才做最后的裁决,更加安全,何必急于一时?

总裁有没有"叫别人先说,自己最后才说"的权利,要看员工是不是支持,愿意不愿意先开口。总裁如果未被赋予少说话的权利,想不开口都不行。

设法让员工先开口

总裁先开口,员工多半不喜欢说出相反的意见,一味以总裁的意见为意见,看起来百依百顺,结果总裁的责任愈来愈大,大到一个人要负起全部责任。除非是神仙,否则谁有这样大的能耐?

员工先说话,总裁有不同的意见才可能加以比较,看看哪种主张利多于弊,也想一想为什么有不同的看法,作为互相了解、彼此沟通的桥梁。员工先开口,总裁才有机会听到新东西,明白某些人的心声,才有办法掌握当前动态。对总裁而言,员工先说话应该列为最有利的资源。总裁最担心的是员工什么都不说,好像在迷雾中行走,令人十分彷徨。可惜总裁喜欢先开口,造成了员工什么都不说,实在是自己找麻烦。

总裁先说,员工就会遵照总裁所说的去做,就算做得相当彻底,结果也会有所欠缺。因为总裁一个人能说出来多少?如果养成员工依照总裁所说的去做的习惯，总裁说了的部分做得很好，没有说的都不去做，如何是好？反过来说，既然总裁说不完全，没办法把所有应该说的话全部说出来，为什么不能让员工自己说说，把责任分摊开来？

其实，总裁真正的责任，是想办法让员工先开口。方法非常简单，多提问题少给答案，员工自然不得不开口。总裁就算心里有答案，也不要说出来。因为一旦说出答案，员工便不说话了。也不可以显露出"我有答案，只是暂时不说出来，先来考考你们"的意思，以免引起员工的反感。要员工开口说话，已经相当困难，何苦再增加阻碍，使员工更不愿意把心里话实在地说出来？

总裁虚心地提出问题，用信任和期待的眼光来看员工，必然很快有人开口。总裁的下一个责任是在员工说出答案之后，判定其正确性与可行性，以便有效付诸实施。完成此责任，仍然要通过员工的说明和彼此的申辩，所以方法还是尽量让员工说出心里的感觉和专业的知识。

总裁少说话的三大法则

总裁少说话,有三大法则。

平时先听大家的意见,紧急时总裁先说

总裁必须坚持"平时先听大家的意见,紧急时总裁才先说"的原则,并且切实施行。员工习惯之后,才会在总裁让员工说话时,好好表达自己的意见,又能够在总裁认为兹事体大或十万火急时,不表示自己的意见,却专心而且用心地把工作做好。总裁手中执着两把刷子,一把刷平时——让员工先开口;另一把则刷紧急——我先说,希望大家听我的。平时尊重大家的意见,紧急时大家才会充分支持总裁。

总裁提问题,员工尽量分头去找答案

总裁要养成"总裁提问题,员工尽量分头去找答案"的习惯。换句话说,总裁提问题,员工如果不愿意找答案或者找不到答案,总裁也不可以拿出答案来。因为这样很容易养成"员工不必动脑筋去想，只要静待一下就会出现答案"的坏习惯，而且很难改变。员工没有答案，总裁要采取迂回的方式提供参考资料或参考答案，让员工自己发现答案，并且勇敢地说明，才能够养成"总裁有问，员工争取时效必答"的良好习惯，进而互相激励，形成优良风气。

发现突破瓶颈的方法，培养不断精进的员工

总裁要激励员工用不争功、不讨好的态度把应该说的话说出来，并且用意不在找出员工的缺点，而在发现突破瓶颈的方法，培养出日新又新，不断精进的员工。因为员工率先把问题的答案说出来，甚至在总裁未提问题之前，也乐意主动提出问题，并且附有可行的答案，对于公司具有很大的助益。激励员工在圆满中分是非，正是总裁享受少说话权利的真正成果。

不多做大家便能努力

总裁的主要工作在安人

常听人说:"我们的总裁真好,很会做人。"却很少有人说:"我们的总裁很会做事。"万一有人说这种话,我们反问他:"你们的总裁那么会做事,那你们在干什么呢?"他的回答可能是:"我们没事做,在旁边欣赏总裁做事,好像还做得不坏!"岂不令人气结?

总裁安人的工作做得好,员工就会像顺从天那样顺从总裁的意旨。安人有所偏差,员工不安,就如同不顺从天那样不顺从总裁。总裁和员工的关系是一体的,天人合一的道理告诉我们:当总裁的人必须推己及员工,爱员工如自己,把人安顿好,大家才能一条心,共同努力达成目标。

事在人为,一切事情交由员工去做;成事在天,事情能不能做得好,关键在于总裁能否安人。

所以总裁的主要工作，并不是把事做好，而是把人安好。

把事做好是管理，把人安好才是经营。聪明的总裁，首先会分辨经营和管理的差异，然后把管理委托给干部，自己才能够专心经营。

站在经营的立场，企业能不能永生，完全在人。究竟"企业的成败在于人"这句话中的人是指总裁，还是指员工？答案是员工而不是总裁。总裁一直把自己看成决定成败的人就会看轻员工而自以为了不起。总裁提升自己的地位，扮演"天"的角色，看得起员工，把他们看成了不起的人，才能客观、公正，而且宽容地对待所有员工，先把人经营好，再进一步把企业经营好。

总裁有权利不做

总裁具有最大的自由，爱怎么想就怎么想，没有人会反对，也没有人能够反对。不过，想归想，不能做。有些总裁违反这个原则,坚持想到做到,结果常常造成了收拾不了的残局,相当可怕。

想了之后,赶快接着想"找谁来研究",可行性有多大?总裁不要自己去决定。自己有构想,自己思考可行性,往往不够客观,很可能愈想愈可行,掉入一厢情愿的陷阱而不能自拔。

找什么人来研究,这才是重要的决定。找错人全盘皆输,千万不可大意。胡乱交办,最后自己受罪。把合适的人找来,不是交代他马上办,而是以商量的口吻希望他仔细研究一下到底可不可行。

如果答案属于不可行,总裁可以请他找另外的人深入研究,看看有没有突破的可能。若是可行,总裁也不要兴高采烈地发布命令,或者自己去执行。先问问研究的人"谁来做比较好?"共同找出最合适的人去发号施令,并且督促执行。凡事都有合适的推动者和执行者,而且事在人为,必须由这些人去完成。

事实证明,独自决定一切事情的总裁容易失

败。一切事必躬亲的总裁更难获得成功。

经营者不但要适才适用,而且要核查是否真的适才适用。除了掌握未来方向外,总裁所要做的无非是辨识人才,把合适的工作交给他去做。为公司的将来设定正确的方向。一方面依据资讯和数据,一方面也免不了诉诸第六感,所以总裁不可以不想。

总裁想而不做,不是为了偷懒,而是怕造成总裁自己做,其他人就不好意思做,以致每次都要总裁自己做的后果。

刚刚创业的时候,总裁并没有这种苦恼,也不必有这种顾虑。以身作则,甚至身先士卒,都是当然的事。但是,人手逐渐增多后,情况就有了变化。随着人的增加,总裁把原本由自己处理的工作分别交给合适的人去做,最后自己只剩下一件工作——当总裁。当总裁本身就是一件大事,有很重要的功能,实在不必过分热心再去做其他工作。工作分配出去,事情并没有结束。总裁必须仔细核查，分配出去的工作是否顺利达成了预定的标准与期望。然后在适当的时机，再把这种核查工作分批交办。

总裁最大的危机就是对于若干原本自己在做的工作恋恋不舍，把工作交出去时，产生没有人能够做得像我那么好的感觉。总裁舍不得把工作割让给别人，常常藕断丝连，忍不住要插手，弄得做的人无法发挥能力。这满足了总裁"没有人能够做得像我那么好"的心理欲求，却也同时让总裁面临过分劳累的挑战。

工作交出去之后，就不能收回。一旦收回，再交出去的时候，下属会更加担心，不知道应该怎样做才好。总裁把工作交出去，可以逐步放手，让承接的人逐渐熟悉，但是不能走回头路，忽交忽收回，令人不知所措，当然做不好。下属刚开始缺乏经验，可以辅导他，让他逐步去改进，以吸取经验。总裁知人为先，能做的给他做，做不好训练他，而不是代他做，做得好赞美他，让他更起劲。

总裁要多想少做，多做人，少做事，大家才会好好地工作。

不多管大家便能自动

总裁提供工作机会，让员工去表现。正如天提供空间，让人自己去成长。人自己成长，却感谢天；员工自己表现，同样会感谢总裁。

宇宙万物，都是自生自长。然而我们一直认为天生万物，万物受天的滋润而生长。员工自生自长，会不会肯定总裁的功劳，认为员工受总裁的照顾而成长呢？

有人说这是员工的修养问题。修养好的员工自然心知感激，而修养差的员工非但不会感谢，甚至自立门户，专门和过去的总裁唱对台戏，存心把过去的总裁气死。

其实，员工是总裁选聘或雇用的。总裁在遴

选、甄试人员的时候，为什么不用心一些，把修养差的人挡在门外，只让修养好的人进来。

当了总裁，若是找不到合适的人，宁可不扩大规模，也不可以盲目找人，否则等于安置了定时炸弹在自己身旁，身受其害。

下属自动才不会觉得承受压力

总裁只能聘用懂得自助的员工。他们成功时会感谢总裁，遇到挫折时会反省检讨。公司要形成帮助自助的人的气氛，以鼓励大家自动自发。总裁应该坚持原则，让员工自动自发。

一般公司总裁喜欢显示天威难测，让员工不敢不时常用心揣摩总裁的心意，因而觉得工作压力很大。因为总裁高高在上，员工唯恐不能生存，需要服从总裁之命或顺总裁之意，丝毫不敢加入自己的意见。在这种唯总裁之命是从的情况下，哪里可能自动自发？

总裁嘴上民主，实际上专制，员工就不敢自动自发。

民主是互相尊重，但是不可能完全平等。总裁不必摆出权威，员工自然会让总裁三分。只要是员工自愿的，他就没有压力，就会自动自发地敬重总裁。

设法让员工自动是总裁最大的功力

员工自动自发把工作做好，如果懂得道理，就会感谢总裁为大家提供正确的工作方向，以及良好的工作环境。员工不但没有工作压力，而且不觉得来自总裁方面的压力，自然身心俱感愉快。事实上，是感谢的心情使得员工身心愉快，而不是工作或酬劳所能够完全取代的。

总裁一开始就营造自动自发的氛围，让大家知道只有自动自发才能共存共荣。那么，大家便不会坐等命令，养成不能解决问题的坏习惯。

总裁喜欢发号施令,大家就会等待命令。总裁具备一些技巧,熟悉情、理、法的运作,从情入手,导引员工自动做出合理的事,员工就自动了。所有制度、法规,都可以作为行动的参考腹案,大家互相尊重,依理而行,才是中国人喜欢的民主。可惜我们长久以来一直被误导,以为西方的民主才值得仿效,殊不知中国人的观点,另有一番用意。

不授权大家便能负责

中国人不轻言授权

很多人喜欢讲"授权",而且讲得头头是道、条条有理。总裁听了之后,决心授权。结果授权之后,苦恼接踵而来。因为有权的人,往往有弄权的倾向。

就算有权的人自己不存心弄权,下属也会挖空心思制造弄权的机会,以便从中取利。不见得有权的人都是不正当的,却往往不正当得连自己也不觉察有什么不正当的地方,利害攸关的下属会粉饰太平,包装得好像什么都十分正当。

聪明的总裁不轻言授权。如果把权授出去,看出不对劲的时候再收回来,会弄得大家很不愉快,而且减少了自己对授权的信心,使自己更专制而趋于独裁。

总裁抓住权柄把责任分授下去,是分层负责而非分层授权,这样才能放心,不会发生不良后果,使大家不至于反感。各层主管不必有权,只要克尽责任,不失责,也不越权,就是最为理想的状态。总裁最害怕的是下属失责或者越权。失责指"应该做而未做",越权即"不应该做而做"。总裁授权,下属就可能越权;总裁不赋予责任,下属便可能失责。不授权而赋予责任,下属才会既不越权,也不失责,成为总裁放心的好下属。

授权并没有什么不好,只是权授出去,下属

便可能觉得自己有权决定,依据自己的想法做事不必听总裁的。于是三天两头做出和总裁意见相左的决策。总裁终于忍无可忍,便暗地里采取了一些办法,整得下属不敢擅权。这种授权就不如不授权只赋予责任来得表里一致。

总裁授权给主管,表面上主管能够发挥自己的能力,在所授权限内快速做出决策,以争取时效。但是,伴随而来的苦恼是下属往往要求主管做出某些超越授权范围的裁定。主管如果表示这种要求已经超出权限,下属不是要求破例,便是化整为零,以符合主管权限。遇到这些要求,主管起初可能严正拒绝,毕竟他和下属朝夕相处,一次、两次拒绝后,可能第三次就顺应下属的要求,自己不经意或无意逾越了权限。没事的时候,大家愉快。一旦东窗事发,主管根本无法辩解越权裁决的事实。

主管严格遵守授权范围,下属就认为这是公事公办,你以公事公办的方式对待我,我也照样拿公事公办的态度来对待你。于是能做的就做,不能做的便不做。主管也拿他没有办法。

总裁授权给主管,下属心想:总裁既然可以授权给你,你难道舍不得把权授给我?如果真的分层授权,就演变成了"科员政治"。这种情况恐怕也不是我们乐于见到的。

理论上,主办人员依权限决定的事情应该由他负全部责任。即使发生差错也和主管无关。下属有差错,主管可以置身事外,倒霉的必然是总裁。实际上,凡是下属有所缺失,总裁多半先找主管问责。

主管未获授权,至少可以让下属知道,我们是"只有责任没有权力"的人,彼此谅解,互相配合就是。

主管有责无权要好做得多

总裁有没有授权和主管有没有尽责是一体两面。主管尽责,等于总裁授权,只是多一层联系而已。主管凡事思虑周到,决策正确,又适当尊重总裁的最后裁决权，总裁看在眼里，爱在心里，自然处处尊重他的决定，和授权并无两样。如果说这样可能耽误时间，实在是推托之词，因为只要拿捏得准，并没有大小事都请示的必要。

授权和尽责的差别在明说与不明说。授权是明说的，大家都清清楚楚，结果常常闹成僵局，不欢而散。尽责乃是不明说的授权：只要结果是彼此一致的，等于授权；结果不一致，那就没有授权，中国人有些事情不用说得很清楚。

主管何必一定要争权？凡事克尽责任，有什么不好？对总裁方面，我尊重你的权，不侵犯你的权，只是尽责任，总裁就不会害怕；对下属方面，我和你一样，都有一大堆责任，根本就没有权。你用不着要求我破例或搞鬼，也不必要求我授权给你，大家相安无事，共同把工作做好，这才是上策。

总裁不轻言授权，对大家都有好处。总裁有权，很可能被小人包围，不知不觉越权，做出不合规定的事,这才是最需要小心避免的。授权解决不了被小人包围的问题,唯有时常自省,注重修己,才能免此灾难。

不紧张大家便能快速

干部往往慢半拍

许多总裁都自问并不希望管这么多事,也不希望做这么多事,为什么始终放不开呢?多半要归罪于干部能力不足或者他们不愿意负起责任,因而一拖再拖,似乎不做不行,不管也不行。这种心里不情愿却又事实不得不如此的念头,长久以来,一直盘旋在总裁的脑海里,很难去除。

干部能力不足或者不愿意负起责任的原因,乃是干部处置事情往往慢半拍,看在总裁眼里,自然有能力不足或不负责任的感觉。

干部办事慢半拍，可能和能力或责任感有关，也有可能是担心总裁的反应。犹疑一下以致慢半拍。

想想看，如果某位干部在处理事务的时候，丝毫不顾虑总裁的立场，一点也不在乎总裁的观感，便当机立断放手去做。总裁看在眼里会不会急在心里？总裁在干部心目中，分量已经被贬低到如此地步，难道不会不安？真的不会恼羞成怒？

若是总裁不在场，干部很可能当机立断，放手去做。因为他知道总裁十分相信他，而且在自己分层负责的范围内，当然胸有成竹，毫不踌躇。但是，总裁看到的，只是自己在场时干部慢半拍的表现。

干部看见总裁在场，心里存着几分敬重，或者几分敬畏，于是在做决定或处理事务的时候，难免有所顾虑，不敢直截了当地表现。总裁会觉得，这么慢吞吞的那还得了？这种判断，对干部来说，是不是有些不合理？

总裁看不见干部有能力、负责任的一面，却经常发现干部能力不足、不敢负责的一面，总裁是不是也应该反思一下？

总裁忍不住要自己做

干部慢半拍，总裁就看不惯，忍不住要自己做。一切恶性循环，便由此产生。

首先，总裁并不希望管这么多事，也不希望做这么多事的心意受到严重怀疑。干部每次看到总裁总是自己做决定，自己处置事务，多数不会检讨"是因为我慢半拍"，却窃窃私语："总裁嘴上不希望管事，实际上喜欢大小事情都管才会舒服。"

干部听了总裁说"我并不希望管这么多事"，看到总裁实际上自己做决定、自己处置事务，便会肯定地告诫自己："原来他的话是客套，幸好我还算机警，满足了他内心的需求。"干部的想法刚好和总裁的相反，却因为这种心态，很少沟通，形成了各是其是的死结。

其次，干部就算和总裁相处日久，已经建立了相当的默契，也明白自己的看法不可能百分之百和总裁一样，加上如果总裁不支持我的做法，在下属面前就会显得十分没面子。既然总裁在场，他又喜欢自己亲自处理，我为什么不让总裁表现呢？

种种缘由使得干部不敢逾越，想不到总裁不做如是想，却一味认为干部能力不足，或者不愿意负起责任，真是阴错阳差，着实也有一些冤枉。

总裁要忍耐几分钟

中国人常说："小不忍则乱大谋。"总裁如果对干部能够忍得一时之气，必能免得百日之忧。

忍耐并非糊涂昏庸，麻木不仁。总裁当然要看干部究竟是真的能力不足，还是心有顾虑？是不负责任，还是会错了意？

人可以欺瞒一时，无法长期欺骗。干部有没有能力，能不能善尽责任，总裁用不着多久便能够了如指掌。

总裁希望干部快速处置事务,最好自己先不要紧张。一般而言,主管愈紧张,下属便愈不敢急,顶多表面上加紧一些,很快又会放慢下来。这是下属的安全"防卫机制"。主管紧张,下属就表现得行动迅速。主管一看紧张有效,便会愈来愈紧张,结果下属也就愈来愈行动迅速,最后活活被累死。

高明的主管都知道自己急在心里,千万不要表现出来,好让下属去急,更进一步,心里也不急,因为下属已经急了。

古人说:"忍人之所不能忍,是谓之忍。"总裁能够忍受干部老是慢半拍或者干部比自己更有能力、更有魄力,才叫真的有耐力。

人迟早会发火,这迟与早的区别便是修养的高低。总裁一看干部慢半拍,马上生气地自己处理,若是忍一下,等干部处理得很合适,总裁心里也会十分舒畅,就可以免去生气的烦恼。仔细算一算,迟比早有利。所谓"待人要忍耐,才能尊贤容众",收到"近悦远来"的效果。

不发威大家便能谨慎

总裁要有最终决定权

总裁必须站稳脚跟,步步为营。总裁是全公司最孤单的人。公司人才再多,干部再忠诚肯干,也没有人能够代替总裁做最后的决定。想想看,总裁如果把最后决定权都交给亲信的干部,是不是好比豪华轿车主人把车停在大路边,既不上锁,又把车钥匙插在钥匙孔里,引诱他人把车子开走呢?

凡是背叛总裁的人,必然有很多理由为自己辩护。其中最常用,也最令背叛者心安理得的就是:"总裁怂恿我,然后回过头来骂我。"这也是"害生于恩"的道理。父母会宠坏子女,总裁也会由于过分宠信干部反而陷干部于不义。

无论怎样分层负责,总裁都要承担最后决定的责任。干部可以出点子,可以合理坚持,也可以分析利害得失。但是最后的决定仍有待于总裁的点头。

总裁不必多管,并不是什么都不管;总裁不必多说,也不等于什么都不说。分层负责,并不是把决定权都放弃。

总裁不要把干部当朋友

我们常常建议,干部要把同事当朋友看待,因为同事可能是暂时的,朋友才长久。把同事看成朋友,彼此不会斤斤计较,也比较可能持久互助合作。但是,我们并不建议总裁把干部当朋友看待。因为徘徊在友情和对所有人员负责之间,实在十分痛苦。

总裁就是总裁,和干部或员工不一样。员工只对自己负责,公司如果不能满足他的需要,大可以一走了之,另谋高就。干部只对一个部门的人员负责,经常面对面一起工作,很快便能培养出朋友情谊。总裁则对自己负责之外,还要对公司所有人的家庭负责,他几乎没办法和公司里任何成员做朋友,他应该和所有成员做朋友。总裁要爱所有人,所以没有办法爱任何人。

在实际运作方面,干部可以用总裁做挡箭牌,用"总裁大概不会同意"或者"等我找个机会探探总裁的口气"来推、拖、拉一番。总裁就没有这个方便,大家都明白总裁具有决定权。

总裁也是人,凡人都需要朋友。总裁十分孤单,更加需要朋友,但是,要把建立友谊的念头和友谊对决策的影响做一番比较,以避免因友谊而必要时拉不下脸来,弄得大家都痛苦。

总裁要树立威严的同时保持亲和力

当然,我们说总裁不能和干部做朋友,实际上是指在朋友之外,仍然保存总裁的威严。通俗一些说是保留最后裁决的权势。总裁若是失掉权势,干部就可能利用权势来创造自己的利益,日愈坐大,造成总裁被蒙蔽,甚至被打倒。

刚开始创业的阶段,总裁和员工大都有些朋友情谊。随着逐渐制度化,总裁势必逐步调整作风,逐渐把公司内部的三个阶层距离拉开。

初步拉开距离时,很可能是老板开始把某些工作推给干部。干部高高兴兴地去做,却不知道把结果向总裁请示或报告。总裁若是不闻不问,就会养成干部自作主张的习惯。企业规模大了以后,如果这种情况持续,总裁就会觉得不受尊重。

员工的聚会总裁开始借口不来参与,员工心里有些不自在,认为总裁忽然自大起来,可能产生某些不愉快的感觉,气氛不免有些不协调。总裁最好向干部说明:"公司人员增加,我一个人实在无法照顾得过来。从现在开始,要拜托你们几位多帮忙。有些事情可能需要分层负责,在重要决定阶段,大家商量一下,然后再放手去做。"不能参加员工的聚会,也要向干部说明:"有我在场,会不会大家反而感到拘束?而且,就我来说,每次聚会，我都不敢大意，始终把它当作正事来办。我过分严肃，影响大家的情绪反而不好。请无论如何，代我向大家致意。"

总裁先树立威严，使大家心目中有总裁，再来表现亲和力，做大家的朋友。这样才能总裁不发威，大家也心存谨慎，时刻掌握分寸，以求合理。

第九章

总裁不应该做的

　　总裁掌握大权,似乎可以为所欲为,丝毫不受拘束。实际上并非如此,总裁同样要受到董事会的监督。就算总裁独资经营,也要接受市场机制的考验。因此,总裁必须要明白哪些事是不能做的。

不要独断独行

事情会愈管愈多

许多总裁都在抱怨,尽管公司的人员已经很多了,可是一旦遇着事情,就感觉人手不足,非常伤脑筋。究其原因,在于总裁平日对员工的了解不够深入,无法掌握员工的学识与能力,遇到事情,不敢放手让下属去尝试。独断独行的结果,不但自己苦恼,而且有能力的人才也会被埋没,甚至被迫离职而去。

总裁不放心让下属尝试,势必独断独行。下属不会怪自己不行以致总裁不能放心,反而埋怨总裁独断独行,不敢放手让他们去做。下属为了满足

"总裁喜欢独断独行"的心理，便会样样请示，用"我不敢做主"来推托。总裁接受下属的请示，事情会愈管愈多，愈来愈忙碌，愈来愈没有时间和下属商量，造成愈来愈独断独行的恶性循环。

下属请示总裁，总裁就给予决定。下属觉得总裁喜欢自己做决策，便愈来愈加小心，大小事都不敢代决。请示的范围愈来愈广，报告的事项愈来愈琐碎，总裁迟早会被累死。

有些总裁乐此不疲，确实喜欢独断独行，这种总裁的事业做不大，做大也不长久，终生劳碌。

不幸的是，更多总裁并不喜欢独断独行，却造成员工的误解，使下属有借口把一切责任推给总裁。他们只要歌功颂德，礼赞总裁，安度日子，总裁则伤透脑筋，还要背负不会用人的黑锅。总裁原本不愿意独断独行，却无奈走上这条路，心中的不愉快增加身心疲累。

一向独断独行，忽然放手不管，下属会更加害怕，摸不清到底是怎么回事。是总裁生气了，还是在赌气?大家议论纷纷,依然没有人敢接手工作,结果事情没人做决定,岂不一团糟?

在工作中磨炼下属

王永庆曾一再提醒干部:"我们应该回想自己当初接手一件新工作之时,也会惶恐不安,不知自己能否胜任,抱持诚惶诚恐的态度,小心翼翼地摸索、努力,才逐渐由生手、熟练而深入,最后做得胜任愉快,反而觉得别人是外行。"他认为这正好证明人才必须靠工作磨炼才能培养出来。

不希望独断独行的总裁,首先要调整自己的观念,了解唯有在工作中培养下属的能力,自己才能放下包袱。

总裁尽量不要告诉下属做法,辅导下属自己去做。在辅导中了解下属的学识和能力,体会和认知下属的品德修养。采取逐步放手的方式,来鼓励下属好好表现。

如果不放心在工作中去磨炼下属，生怕下属做错了伤害太大，也可以加强训练，让老人带新人。关于这一点，王永庆说得好："老人虽然有经验，但是新人有脑筋。老人懂的事比较多，但要教新人。老人不教，新人还是不会，要把经验教给下一代，才不会错过人才。"把宝贵的经验传承下去，再加上新人的新方法，是加强训练的好方式。

总裁能教的自己教。老人能教的请他教。训练配合在工作中磨炼，下属就会比较有把握把事情做好。在做中学一直十分有效，总裁可以让大家多试试。

在台塑集团，新进人员都有三天的职前训练，加上为期六个月的现场轮班训练，亲身体会基层工作，奠定稳固的根基，将来升为干部，大多能够胜任愉快。六个月的轮班训练非常辛苦，参加生产作业，打包产品、搬运物料、保养机械，都要实际操作，提出心得报告，经由主管考核，目的在考验新进人员吃苦耐劳的精神，磨炼他们的意志与耐力，培养他们正确合理的工作态度。

规模较小的公司当然无法这样训练。但是主管边教边辅导下属去做，然后视其进步情况逐步放手也是行得通的。

用坚决的意志取代独断独行

有些人认为独断独行就是有魄力的表现。总裁要有魄力，却不需要独断独行。高明的总裁要善用坚决的意志力来促使下属贯彻命令，而不是独断独行。

总裁的魄力显现在坚决的意志引起下属强烈的工作动机上。在重大决策上面，总裁有无比坚决的意志，叫有魄力。如果细小、轻微的事项，总裁也要自己决定，甚至亲自执行，那就不是魄力，而是独断独行。

明确宣示总裁希望达成的目标，不允许下属有任何疑问，这种明快果决的态度，使下属明白这是重大决定，因而全力以赴。有魄力的总裁不留给下属退却的余地，让他觉得务必要完成任务。

但是，总裁展示魄力之前必须对下属的能力有充分了解，平日也要提供机会让下属磨炼，培养下属的经验。在显示魄力之前，也必须和有关人员商量，掌握决策的可能性，才能下达毫不妥协的决定。

不要事必躬亲

成员的价值观不一致

总裁要掌握全盘局势，不应该事必躬亲。高明的总裁知道大部分事情必须依赖分工合作，才能做得更好。唯有通过组织，运用组织力，把不同人组合起来，产生一致的合力，总裁的功能才算是获得发挥。

组织成员的价值观并不一致。虽然理论上下属应该接受主管的领导，主管也应该遵从总裁的指示。实际上阳奉阴违的行为，甚至营私舞弊的勾当很多。总裁为了便于防弊，通常要求各阶层主管详尽传送所得到的信息。把不同来源的信息互相对比，以发现虚实；从不同来源的报告中核查员工的灵敏度与忠诚度。

各阶层主管若是不分巨细，把所有情报一律向总裁反应，就会造成总裁事必躬亲的弊病，徒然浪费时间、精力和资源。所谓事必躬亲，不但指总裁亲自参与大小事情，而且包含要求总裁无所不知。

总裁事必躬亲，下属会耗费大部分时间和精力来搜集情报向上传递。各部门竞相在情报方面大做文章，反而妨碍了正常工作的进行，扭曲了原本的用意。

组织规模不大，成员可以直接向总裁传递情报，情况尚不至于十分严重。因为总裁能够亲自核查，虽然浪费时间和精力，还不致被人蒙蔽或欺骗。

若是组织的规模庞大,总裁是否有时间逐一核查?因为害怕单一情报网遮住总裁的耳目,于是出现了复式乃至多层次情报网,错综复杂的互动、处心积虑的竞争,就成了组织内斗的根源,说起来总裁受害最大。

公司的运作,其实正是情报传递与正确判断的活动历程。总裁为求全面掌握公司实际情况,以便达成有效决策,不得不力求了解各种情报,但是身为总裁,却没有必要亲自接收、处理、传递及运用所有情报。

总裁不必收集所有信息

组织的正常运作中应该是分层负责,为总裁过滤、挡掉一些信息。总裁不需要获得全部的信息,却有必要抓住重要变数,以便掌稳企业的舵。

总裁用不着急于搜集所有信息,却应该注意调整以获取有用信息。为了合理决策,组织必须经过用心设计,将信息层层过滤,向上传递到各部门主管,再由各部门主管传给总裁。

各阶层主管在传递信息之前,应该合理筛选,把与决策无关的信息剔除。至于采用什么标准来筛选,与企业文化息息相关,实际上也是企业成败的关键。

总裁的经营理念与经营风格,是各阶层主管筛选信息的标准。

站在总裁的立场,怎样才能够判断各部门主管所提供的信息是不是正确呢?有个老法子,说起来不太科学,却简单好用。总裁只要打断下属的报告,或者故意说出相反的话,便可以八九不离十地判断出来。总裁打断下属的报告,下属就不再找机会报告,总裁就知道刚才下属的话并非要紧,幸亏没有让他继续说下去,否则不知道还要浪费多少时间。总裁说出相反的话,下属立即改变主意,不敢坚持,总裁也就明白下属自己没有把握。不过先决条件是下属对总裁有信心,能够接受不同意见。否则下属就会存心迎合总裁,顺从总裁的意思,不坚持自己的看法。

总裁的心意如果不能为下属所理解,或者总裁本身行而不知,也说不出何以如此的道理,那么再好的方式亦将失去效能,难以达到预期效果。

总裁有办法跟下属建立默契当然最好,若是两情不通,彼此并不容易建立良好的默契,那就只好退而求其次,用组织来控制。

理论上,组织会颁布许多规则,利用反馈系统来控制,检查所定规则是不是被遵守,而反馈系统也会依照预期运行。就算规则制订得相当理想,反馈系统也建立得十分严密,实际情况却还会不按预期运行。在管理上,控制向来不可能绝对收到成效,因为执行的人往往不会完全配合。

组织的好处在便于分工。制订一套制度,要求分层负责,并且彼此互通有用的信息。然而,难题就出在总裁对很多领域不见得专精,如何了解各部门提供的信息是否正确？又如何加以正确判断？

再说，信息可以看成串联的信号，新的信号不断产生，总裁固然应该努力学习接收信号，但是更重要的仍然是判断信号的正确性，避免事必躬亲。

有人建议干脆用询问的方式，其实这是行不通的。总裁问干部："你的信息是正确的吗？"相信干部必定不假思索便回答："正确。"心中却又甚不愉快："总裁居然不相信我。"接着可能想："话已经说出口了，无论如何要把它弄成真的，以维护在总裁面前的信用。"于是串通做假。

控制是对的，但是人的因素仍然十分重要。游戏规则定好后，如果没有够水准的裁判，游戏规则还可能收不到效果。有没有够水准的裁判，根本在人。摆脱人而归于法是一厢情愿。总裁希望不必事必躬亲，便应该用心训练一批有默契、能体会的干部，否则完全依靠控制，不见得可靠。

不要纵容亲信

亲信的必要性

总裁的事业如果愈做愈大,由于管理幅度的限制,不可能样样亲自管。这时,适当委托别人来协助自己管理,应该是顺理成章的。然而,委托什么样的人?冠冕堂皇的答案是"有能力的人"。内心却甚感犹豫:他靠得住吗?

在有能力和靠得住之间,建立一套选择标准:第一等人,有德有才;第二等人,有德无才;第三等人,无德无才;第四等人,无德有才。

同样有德,有才高于无才。若是不幸无德,无才就比有才更好,因为破坏力比较低。中国人德本才末的观点,值得总裁用心体会,换句话说,可靠比有能力更要紧。

总裁当然要用有能力的人,但是有能力的人未必个个靠得住,这是总裁的烦恼。事业做大了,自己管不了,摆在面前的似乎只有一条路:建立班底,形成心腹知己的管理。其实全世界都如此。

"班底"听起来很可怕,帮起忙来却相当可爱。心腹知己看起来十分可靠,万一"造反"也恐怖。总裁要了解"水能载舟,亦能覆舟"的道理,妥善建立班底,合理对待心腹知己,才能够趋吉避凶。

总裁要自然建立班底,<u>丝毫不可以勉强</u>。凡是抱着同乡、同宗、同门、同学、同好、老同事等强调"同"字的条件来物色心腹知己的,结果多半为"同"所害,不可不为戒慎。

在工作中培养亲信

不管他是不是同乡,是不是同宗,一切感情要以真诚来培养。只要同心协力,其他条件并非十分重要。如果一定要讲求"同"字,那么同心最为可贵。

经营管理的主要过程离不开工作。在工作中互相了解，彼此沟通；在共识中培养情谊，以求心有所同。总裁在工作中考验下属，下属在工作中经得起考验，两者的距离愈来愈短，彼此的心愈来愈接近。这样建立起来的班底，才是真正靠得住的心腹知己。

班底有两种：一种是私的，为了总裁个人的权势而建立，甚至为了营私舞弊而勾结，不但害人，最终必定害己；一种是公的，为了整体发展而建立，一切为达成组织目标而努力，不但可贵，而且十分可爱。

心腹知己必须是良好的工作伙伴，可以把责任委托给他而放心得下。既然是得力的干部，变成心腹知己就没有什么不方便的。

亲信指总裁亲近信任的人。一方面总裁赏识他的工作能力，一方面总裁相信他的品德修养，视同自己的家人，既亲近又信任。有些话不便对别人说的，可以对他说；有些事不敢交代别人做，可以让他去做。

遗憾的是，亲信起初兢兢业业，谨言慎行。慢慢会狐假虎威，甚至欺下瞒上，搞得乌烟瘴气。亲信弄权，让人敢怒不敢言，原本好好的局面，常常被搅得一塌糊涂。

总裁一方面要信任亲信，一方面不可以纵容亲信，唯有如此，才算是善待亲信，发挥亲信的优点，尽量避免弊病滋生。

不纵容亲信，大家才会心服。亲信不被纵容，也不致"拿着鸡毛当令箭"胡作乱为。在责任范围内，使亲信表现得有为有守，总裁自然安心。

对待亲信的三大原则

总裁要合理对待亲信，必须掌握下述三大原则。

表明有罪必罚的态度与决心

总裁平日和亲信在一起，要凭着自己的见解，用诚恳的态度、婉转的语气，在说明或讨论中，使亲信对自己的主张有彻底了解。总裁不妨讲述"诸葛亮挥泪斩马谡"的故事来说明自己信赏必罚的观念。

即使是亲信,也要有罪必罚。一方面让大家信服,一方面对亲信也是一种约束,彼此都有好处。

要求严守上下的分寸

亲信如果不能守分,就会滥用职权收揽民心。如果到了目无法纪的地步,再来设法挽救,往往已太迟。

总裁对亲信也应该保持适当距离,并且养成其独立人格。亲信对总裁理应尊敬,凡事不可隐瞒。两者各有分寸,才不致因利害冲突而离散,甚至反目成仇,严重影响事业进展。

严守上下分寸,总裁自己保留重大事项的最后裁决权,是在既定范围内维护亲信,使之既不失责亦不越权。

要用真诚来感化亲信

总裁和亲信之间的关系应该是一个愿打一个愿挨,毫不勉强。论语说:"君子和而不同。"总裁和亲信要"和",却未必皆"同"。"和"指真情,"同"为利害。凡事由情出发,拿真心来对待亲信,他们会排除邪念,产生与总裁合一的意识,因而自我约束,不做逾越本分的事情。总裁不独占利益,却能与员工同享。亲信受到感动,自然也以"公天下"自重,不好意思弄权,也不好意思见利忘义。

不要鼓励员工对立

对立造成严重冲突

钱穆先生认为我们的国民性是和合性大于分别性。中国人喜欢合,不喜欢分。

他指出,中国人认为,在同一政府下的君和臣是应该和合的,不是应该分别的。连社会民众,亦应与政府亲切和合。君、臣、民不宜过分分别。

所谓"合则留,不合则去",便是中国人最好的制衡方式。

制衡可能有两种心态:一是站在合的立场来制衡,希望大家好,属于和合性;另一种则是站在分的立场来制衡,希望你死我活,属于分别性。分别性的制衡,只知为反对而反对,根本是对立的性质。

总裁的心腹如果只有一人,很容易沟通,却很难听到相反意见。因此班底要多一些,以求集思广益。但是这样一来,意见就不免有分歧,总裁一不小心就会造成干部之间的派系。一旦形成派系,便愈争愈烈闹成对立,招致严重的冲突,甚至绝情分裂。由合而分,派系的关系至为重大。

合伙很难,总裁与班底长期不闹翻也很难,必须把握"可以彼此制衡,却不许对立"的原则,不鼓励对立。譬如某些大公司设置几位副总经理,若是各自建立派系,闹成对立,总经理如何能够安心?

有些总裁喜欢干部互相制衡以求放心,当然不无道理。不过，制衡到对立的地步就会不择手段，甚至连总裁都受到牵累，不能不预先加以防患。

总裁以和合性来统领下属，也要鼓励下属讲义气，大家可以有意见，却不应该闹意见。换句话说，总裁为了达成组织的和合性，有责任确保干部站在和合的立场来彼此抗争，不允许为排挤对方而对立。

及时培养第三势力

总裁如果发觉干部逐渐形成了对立的局面，应该警觉地及早培养第三势力，使对立的情况发生一些变化，至少不会那么紧张，影响到工作的进行。

话说回来，派系纷争必然造成混乱，对于总裁有害无利。总裁倡导以和为贵，不许干部树立派系，才是管理的正道。我们这里所讨论的，是防不胜防的情况，或者劝阻不果，仍然彼此对立的时候，只好出此下策。

但是,最重要的还是总裁的理念,必须以"可以制衡,不能对立"为最高原则,绝不容许对立,以免危害事业的进展与生存。

不要迫害功臣

有人喜欢过河拆桥

汉高祖刘邦在击败楚霸王项羽即帝位的第二年,假借游历云梦湖的名义,把诸侯召集到楚国边境,捕拿功臣韩信。他将韩信押到洛阳,削去王位,贬为淮阴侯,以致韩信谋反被杀,株连三族。汉高祖的举动引起了诸侯的不安,以后不断发生叛乱事件。

一些总裁也觉得汉高祖非杀韩信不可。马基雅维利认为"首长的恩怨与个人恩怨不同",刘邦以巩固新朝代为第一要务,不择手段地屠杀功臣,可以解释为出于国家安危的考虑,不得不出此下策。

其实,不论是后天的使命还是先天的性格,杀功臣毕竟不是好事情。老子说:"天地不仁,以万物为刍狗;圣人不仁,以百姓为刍狗。"刍狗是祭神时用草扎成的狗,祭祀完毕就丢掉了。总裁有必要把功臣当成刍狗,大功告成之后,便任意加以迫害吗?

最好预先化解矛盾

凡是功臣,和总裁之间免不了存有若干矛盾。韩信曾经在闲谈的时候,和刘邦讨论到将领们的本领各有不同。刘邦问:"像我的才能,能带多少兵?"韩信回答:"陛下最多不超过十万人!"刘邦又回:"那么,你呢?"韩信仍然不警觉,说:"臣是兵愈多愈好。"刘邦说:"既然是愈多愈好,为什么你还会被我捉住呢?"韩信心知不妙,辩解说:"陛下您不善于带兵,却长于用将。这种才能是天生的,不是人力做得到的。"可惜已经种下矛盾的因,刘邦心中的不愉快累积到相当程度,便像火山一样爆发了。

韩信的朋友蒯通最先警觉到这种矛盾,劝告他说:"从情势上看,您这个臣子有使君主感到压迫的威势,我真为您感到不安。"韩信缺乏警觉,终于引发了杀功臣的悲剧。说起来刘邦固然气量太小,韩信的警觉性也实在太低。

那么,身为总裁的刘邦,难道没有其他办法吗?刘邦如果能够冷静一些,不要操之过急,先借故削去韩信的兵权,给他崇高的地位加以笼络,然后逐渐消磨他的志气,韩信就算真的想造反,恐怕也无能为力,又有什么好害怕的呢?

总裁对于某些功高震主的功臣,难免会又怕又恨。能够放宽度量当然最好。耿耿于怀不如设法化解矛盾,促使功臣自己反省,各让一步,长久合作,对大家都有好处。

杀功臣的后遗症相当可怕

刘邦的举动虽说也可以理解,但是残酷少恩,也为他带来了十分严重的后遗症。韩信被杀后,紧接着梁王彭越谋反、淮南王英布也叛变。刘邦亲征英布时,英布被流矢射中,以致一命呜呼。总裁迫害功臣,至少有以下五点害处。

使其他干部心寒,纷纷自保

总裁"杀"功臣,当然可以找到许多正当理由,干部表面上也会赞成,甚至协助总裁去"杀害"同僚。但是内心毕竟是害怕的,唯恐有一天会轮到自己头上,因此小心翼翼,处处有顾忌,对组织的正常发展构成了很大阻碍。

使真正的人才不敢来共事

总裁"杀"功臣会传扬出去,同业之间更会添油加醋,说得恐怖万分。原本有意前来投奔的人才,听说这种事,也会赶忙转头他去。而且一传十、十传百,企业形象就被破坏掉了。人才不敢来，企业的前途必然黯然无光。

小人趁机兴风作浪

小人一向唯恐天下不乱，眼见总裁迫害功臣，自然不会放弃机会，趁机制造矛盾，使总裁疑神疑鬼，无法专心做事。甚至总裁会为小人所包围，除去功臣，招来更可怕的奸臣，今后势必更加动荡不安，大家难过。

人人自危，造成总裁众叛亲离

刘邦崩逝后四天，吕后始终不发布丧事消息，只和谋臣暗中盘算，计谋杀尽将帅，幸亏有人劝阻，才没有酿成大祸。但是刘邦一生劳碌，弄得众叛亲离，哪里是当年"安得猛士兮守四方"的壮志所能比拟的？

失去人心，危及企业

企业希望永生，必须得人心，而且要有人才不断进来。如果为了迫害功臣而失去人心，人才也不敢前来，企业就将面临倒闭的命运。

现代社会，总裁固然不能真的杀害功臣，但是迫害功臣的案例仍然不在少数,最终两败俱伤。贤明的总裁最好设法化解与功臣之间的矛盾,或者采用缓和的方式调节,切忌毫无顾虑地鲁莽从事,以免后患无穷。

不要冤枉好人

好人常常早死

自古以来,好人常常早死,实在令人惋惜。总裁冤枉好人,要比同僚互相斗争更为可怕。因为总裁通常握有大权,可以决定一个人的去留、荣辱,甚至生死。

总裁如果不能明辨忠奸,往往会冤枉好人。等到有一天清醒过来,已经悔之不及、难以挽回了。虽然说好人被冤枉,难免有其不是的地方,但是,当家做主的人不能想办法让好人出头,只对坏人低头，显然也是没有尽到责任。

妒忌之心相当普遍

总裁妒忌干部表现得好，因而有意无意冷落他，或者故意找他的麻烦，甚至借故找他的差错。这是总裁的修养问题，我们不便置评。孔子说："不患无位，患所以立。不患莫己知，求为可知也。"便是劝告我们不要害怕别人出人头地，应该自己努力奋斗。当了总裁，还有什么必要妒忌干部呢？若是反过来想：干部表现得好，证明自己领导有方，也表示自己宽宏大量，岂非大家愉快？

但是，同僚之间，处处呈现着韩愈所描述"忌者畏人修"的情况。总裁应该劝告故弄玄虚、毁谤同僚的人。

好事之徒，为什么喜欢造谣生事呢？有些人是由于妒忌，常常编造无中生有的故事来破坏别人的形象。孟子让我们提高警觉，不要随便听信旁人的话。尤其是总裁，更应该细心求证，尽量查明事实，做到既不冤枉好人，也不纵容坏人。

好人要有好人的修养

民主时代其实是好人同坏人相争的时代，好人如果争不过坏人，民主就会变质，变成坏人当权，好人倒霉。好人为了胜过坏人，实际上也应该有一套生存本领。总裁是好人，不轻易听信坏人，有时坏人也会转而把总裁当目标，加以攻击。总裁一方面要鼓励好人好好应付坏人，一方面自己也要加强这方面的修养。

《论语》记载了曾子的话："有若无，实若虚，犯而不校。"就是这种"大事化小，小事化无"的功夫。对付坏人，除此之外，有更好的办法吗？

屈原持心端正，行为正当，虽然竭尽忠心和智慧为国服务，却由于小人的挑拨离间，楚王因此和他疏远。屈原如果受到冷落的时候不发牢骚，也不到处抱怨,默默等待一切误会过去重新出任要职,就不至于投江自尽了。

　　当然,让被冤枉的好人也要配合总裁不受小人的蒙蔽,不一时冲动,便置好人于死地。

第十章

总裁如何立于不败之地

总裁为求立于不败之地,所采取的因应方式各有不同。我们尊重各自的抉择,这里只提供一些方案,让总裁自行参考选用。

掌握形、势、情的变化

总裁不能失败

我国历史上的乱世,一般人都怪罪于小人当道,君子有志难伸。似乎都是坏人的责任,好人没有什么罪过。其实不然,主要原因应该是好人常常失败,坏人大多成功。这种和天理相违背的事实,并不是天理错误,而是好人没有善尽责任的不良后果。好人如果没办法使自己活下去,发挥好人的力量,没有提供好的贡献,对组织而言,也就没有实质意义。这样说来,总裁必须掌握形、势、情,确保立于不败之地,才不致为坏人所趁,而自招失败。

《孙子兵法》说:"昔之善战者,先为不可胜,以待敌之可胜。"是说善于作战的人都先造成敌人不可胜我的态势,然后等待敌人有可胜的机会,再发动攻势把敌人歼灭。总裁只要做到不可胜,即使找不到可胜的机会,也不会失败。就管理而言,总裁必须设法立于不败之地,才有可能谈及其他。

总裁善于掌握情势

要立于不败之地,如汉代荀悦所说,要点有三:一是形,二是势,三是情。形是得失的成数,势指进退的应变,情为心志的情况。总裁用心,力求突破当前的形、势、情,便能够立于不败之地。

为什么管理所用的策略相同,施用对象的性质和状况也相同,功效却未必一样?究其原因,即在于形、势、情各不相同。

形:评估可行性,以盘算得失成数

先就形而言,总裁必须评估可行性,以盘算得失成数。做决策时,首先确认问题所在,然后寻找可行措施。如果发现有若干答案,便要找出最合适的,决定下来,成为决策定案。但是在寻找最合适的答案时,怎样衡量得失?所持标准则不相同。有些人重在利润,以利润的多寡来决定得失成数。有些人重在未来的发展,考虑其能否进一步开展。有些人重在安全,关心能不能确保自己的地位。有些人则重在安人,己安人亦安,务求股东安、员工安、顾客安,社会大众也要安。

同样安人,其得失也不同,有多数人得到安宁的众安,也有少数人蒙受好处的寡安,有长期的久安,也有短暂的暂安,有实际的实安,也有虚假的虚安,有实质的整体的大安,也有表面部分的小安。

有时候得到的是虚名,却埋下了祸害,这就是事实相同,而形不一样,所致的不同结果。

势:策略的成败取决于执行时的临时制宜

其次,拿势来说,一个策略的成败,和执行时的临时制宜有十分密切的关系。总裁做决策时,要预先考虑可能发生的变数，然而，未来毕竟是变化莫测且不易感知的，所以就算能将所有变数纳入考虑，也无法逐一切实掌握。权谋不能预先设立，通变无法事先筹谋。最要紧的是随着时机而转移策略。顺应事物的变化而更改方式。

中国人善于因应变化，常常喜欢变更原有的企划。如果出于因势利导，那是十分正确的举动。企划时，必须用心好好企划。但是心理上要有准备，容许执行企划案的人合理地改来改去，以适应势的变化。

譬如，新产品的试销未必关系到公司的存亡。它的势既然不能急切决定公司的成败，那么有利时就要趁势推展，无利时便暂停生产，再行调整，以等待有利的时机重新推出。然而，新产品的问世也可能举足轻重，影响到公司的存亡。成功的话，公司继续营运；失败的话，只好停止营业。这时候时间迫切，根本不可能等候时机。可见新产品的事实相同，其中所含的势并不相同。

情：决策的结果取决于大家的心理预期

以情来看，决策的结果取决于大家的心理预期。总裁有信心，执行者也有信心，相关人员也都乐观其成，当然结果良好。否则众人预期失败，缺乏信心，哪里有成功的可能？

事的成败无不系于一念之间。可以说，决策成功，此心成之也。决策失败，此心败之也。

同样的策略，同样的时机和形势，由于执行人员的心理不同，很可能产生不同的后果。执行者遭遇困难就想退却，没有排除万难的决心，自然容易放弃或轻易修改原定策略。相反，执行者士气高昂，不怕困难，抱定必定成功的决心，就会勇往直前因而获得良好效果。情不同，后果当然不同。

兵法说得十分清楚：攻心为上。情的力量非常大。建立坚定的信心，应属首要，为什么反而情要摆在形、势的后面呢？

总裁的信心并不是盲目的。乱下决心，不问事实不是正当做法。为了立于不败之地，任何决策都应该谨慎为之。首先要知己知彼，了解自己的实力，判断有关的形势，明白胜败的关键，然后知其不可胜，再坚定信心，遇到任何危险困难，都不畏惧不前。

坚定信心之前先判断形。整体来说，可能有几成胜算？孙子认为，众人看得见的胜利，或天下人所称赞的胜利，好比人人能见光耀的日月，人人能闻隆隆的雷鸣，实在不足为奇，这是有形的形。善战者所获得的胜利，既无足智神算的威名，亦无勇冠三军的战功，因为充分掌握无形的形，一般人不容易看得出来。

企业并不是闹革命的场所，任何决策若是闹得惊天动地、人心惶恐，或者紧张忙碌、疲惫不堪，即使得到成功也注定日后失败的命运。

最要紧在择人任势

有形的成功固然明显而轰轰烈烈，但是劳师动众,日夜加班,造成无形的损失,将来也要由公司偿还。总裁盘算胜利的成数,必须将有形与无形的成数合并计算,才知道真实的形。有形的成数,逐渐可以交由他人来处理;无形的成数,仍有赖于总裁的智慧及远见。

形的成数与时机有密切的关系。时机不可能创造,必须等待。这看似消极而保守,其实,积极地预先看出时机来临的征兆,才是总裁善于把握时机的表现。

孙子希望我们"先为不可胜",然后"以待敌之可胜",便是及时看出时机。总裁事先由各种状况判断,提前准备。一旦时机有利,马上主动发起攻击,自能攻无不克,战无不胜。

时机未成熟要耐心等待,以免徒劳无功。时机一旦成熟,便要立即付诸实施,不可犹豫坐失良机。可见策略施行之前,时机很重要,不可等闲视之。策略施行之后时机不重要,不能因时机变更而半途中断,这时势的应变才最要紧。必须随时制宜，以求确保良好效果。

势有优势、劣势。优势要加以利用，劣势要设法规避或改变。这个责任主要在执行单位的主管，所以说"千军易得，一将难求。"优秀的执行主管，既善于领导成员，更要足智多谋，能任势。因为执行策略的人员，就算素质良好、能力高强，总裁指挥不精、运用失策，也将招致失败。孙子认为"善战者，求之于势，不责于人"，执行主管必须在势的应变上获胜，而不苛求人员的多寡及素质的强弱，不把失败的责任推给下属。

总裁明白择人任势的道理，才能够慎选智慧与毅力兼备的执行主管，能随机应变，因势制宜，使原本具有成功可能的策略发挥预期功效。

势的因应和执行者的心理有很大的关系。"安则静，危则动"，下属不能自动，就静悄悄地等待主管的命令，推一步动一步。下属自动自发，如同军队战败时为保全性命，产生无比勇气，"危则势动"，不过危急之际也可能心生畏惧而动摇。

情有至情，也有虚情。总裁平日多多关怀员工，凡事洞察先机，能够未雨绸缪，比较容易获得员工的至情，即具有真诚的信心与向心。若是平日威胁利诱，任意运用权术，那么员工虚情假意，明迎暗拒，也就无可奈何了。

总裁要求立于不败之地，必须形、势、情并重。把握重点，突破当前的形、势、情，适时应变，在同心协力的情境下克服一切困难，有胜算地设计策略并且逐步实施，从而收到预期效果。

有效领导促成团结

中国人能够精诚团结

中国人到底能不能合作？主要看总裁的领导方式是不是合乎中国人的需求。历史上中国人精诚团结的事例不胜枚举。可见正确领导可以促成中国人的团结一致、合作无间。总裁不反求诸己,却天天骂员工不团结、缺乏团队精神,最没有效果,而且可能起到反作用。

中国人的性格是在团队中保有各自独特的作风。中国式管理,大家朝上面看,希望揣摩上司的心意,往往形成"看上不看下"的逢迎心态,因而产生欺下怕上的官僚作风。事实上,上司的赏识固然重要,下属的支持也很要紧。最好能够做到上下兼顾,才能万事顺成。

中国人不是不能合作。我们首先要分辨清楚:能不能合作是果,怎样领导才是因。千万不可以倒果为因,一口咬定中国人不能合作。中国人讲平等自由,乃是"无论什么人在团体之中,不管团体有没有平等自由,总要自己先有平等自由。"

只知道争个人的平等自由,团体中凡事都是杂乱无章,各人意气用事想要怎样做便怎样做,各自为战。强有力的人或许能够做成一两件事,大多数人都是一事无成。因为大家只有个人行动,没有团体行动。

各自为战,有组织却管制不了乌合之众;意气用事,有团体却是在吵吵闹闹中各说各话。这是果,而且是不良的果。究其原因,在于误解了自由平等,而且缺乏正确的领导。

中国人如果领导正当,必然可以产生团结一致的果。历史上多少可歌可泣的故事都证明中国人合作的力量所向无敌。领导不当,也不可否认有不合作的果。所以中国人可以合作也可以不合作,完全看如何领导。

把自己的工作做好,以整体目标为重

某些发大财的公司,在组织之初,各股东都做了很大的牺牲,投了很大的资本,好像先拿出个人的平等自由来成全公司的平等自由。然后公司发达了,股东才能够多分红利。同理,员工也应该把自己的平等自由贡献给公司,让公司全权处理,然后公司才有成功的希望。等到公司经营成功，员工当然可以享有自由平等的权利。

每个人都把自己的自由平等奉献出来，所有人都分享到自由平等的乐趣。满树梅花，如果每一朵都零落而没精神，岂非惨不忍睹？每一朵梅花都竭尽己力表现出独特作风，却又彼此兼顾，让整体表现出优美的形象，才是我们期望的在团队中表现自我，在整体中完成自我。

总裁重视每一个成员，都应该尽力把工作做好，鼓励彼此间的和谐互助，大家都以整体目标为重。主要的力量在于最高领导者的大公无私，即通常所说的公正。心存公正，然后分层负责，各司专职而又互相协助与支持，全体成员向上看，必能上行下效，蔚然成为良好风气。这是总裁必须具备的修养。

总裁的心态直接对干部产生影响。总裁认为干部根本不可能团结，大家便像一盘散沙，各做各的，互不支持，也不愿意合作。总裁若是认为干部彼此分工，却非合作不可，大家便会放弃本位主义，站在整体立场，力求彼此密切配合，达成合作的效果。

正确领导的三大原则

总裁的正确领导包括下述三大原则，缺一不可。

分工是为了合作

总裁要树立"分工是为了合作"的信念。分工是不得已，因为它带来许多不合人性的缺失，使工作单调乏味，容易产生疲倦，而且彼此不便联系。总裁自己必须了解"如果不能合作，分工就毫无意义"的道理，进一步把这种讯息传播开来。让每个成员都充分明白合作的重要性，培养合作的态度，时刻自勉。为合作而分工，最好不要本位主义，盲目分工而不能合作。

要贯彻这种信念，总裁自身便不能表现出英雄性。因为总裁喜欢英雄性，就会不自觉地鼓励下属做英雄,以致英雄斗英雄,不容易合作。

换句话说,总裁应该鼓励集团性,使大家了解自己要成功,也要让同事有成功的机会。唯有各部分都成功,自己的成功才能够获得确切保障。

凡事勿忘推己及人,一切要在团体中成就。总裁绝对不可以压抑有能力的人,一定要明白地表示,真正有能力的人必须让大家都有面子,才能够使大家心悦诚服。能力除了专业性外,还应该兼顾普遍性。做事的能力,加上做人的技巧,便是真实有能力。

各司其职之外能互补

总裁要养成"各司其职之外能互补"的习惯。"不在其位,不谋其政"是分工合作必不可少的原则。然而,仅仅专业分工很容易形成各人自扫门前雪的不合作行为。各人自扫门前雪原本不错,只是不能不管他人瓦上霜,因为他人瓦上霜压下来同样会妨害到自己。

棒球分为内、外野。球掉下来,好像在内野,这时外野手最好坚守"不在其位,不谋其政"的原则,不可以跑到内野去接球。若是外野手热心过度,眼见球落内野,仍然跑过去接,万一和内野手撞在一起,把内野手撞倒或者被内野手撞倒,造成漏接事件,大家必然痛骂外野手多管闲事,妨碍内野手的正常作业。但是,内野手若是不小心跌倒了,外野手就要全力以赴,把球接在手中,否则也要挨骂。明明是内野的事,如果做不好,外野也应该互补,以求整体不败。

满树梅花都凋零,唯有一朵独秀,看起来令人伤感。朵朵正常,并不特别表现突出,这一树梅花最为尊贵。

一定要尽力把工作做好

排除本位主义仍然应该尽力把自己的工作做好。任何人不可以因为不存心出风头,便不尽力工作。

尽力把自己的工作做好,不必计较他人的妒忌和打击。这种看法其实并不周全。我们最好更进一步,做到一方面尽力把自己的工作做好,一方面设法不引起他人妒忌，不招惹他人的打击。只要稍微用心，不难了解他人的妒忌和打击实际上也是我们引起的。中国人常常说有本事，很少说有能力，差别即在于此。只知道尽力把工作做好，不过是有能力，做到不引起他人的妒忌和打击才算有本事。

促使大家同心协力

树状组织精神

总裁要促使大家同心协力，必须在组织上注入生生不息的树状精神，让每一位成员都在上级主管的支持下放手去做。毕竟中国人最喜欢听的是"你放心去做，我一定支持你"。这才是真正的同心协力，可以随机应变，因时制宜。

个人单打独斗的时代已经成为过去。现代所重视的是聚集群众、纠合众力、有效打组织战。三人成众，有计划地协调众人的活动，就叫组织。然而，有组织并不能确保具备打组织战的能力。即使勉强可以打，也未必能够有效打出漂亮的胜仗。

我们常见的金字塔组织，重视科层结构。主要用意在防止人类私心、偏见、冷酷，以及反复无常等主观判断的不良影响，不得已才层层节制，希望大家小心谨慎，尽量不要出差错。这种防弊重于兴利的做法使得成员谨慎有余，应变力不足。

孙子说："善用兵者，譬如率然。"常山有一条蛇，名叫率然，以灵敏著称。有人袭击蛇头，它立刻折起尾巴，予以反击；有人袭击蛇尾，蛇头马上反噬而来；有人袭击蛇的身躯，蛇头尾一起折返过来。

科层结构很难首尾呼应，无法像常山之蛇那样灵活地因应外来袭击。因为它具有高度复杂性，相当形式化，一切运作都依赖有计划性的程序和规范，采取集权管制，对于不熟悉的情况，很难快速反应。

这种机械性组织通常把直线和幕僚人员划分得十分清楚，彼此职权分明，不容逾越。划分部门时，以效率为主要诉求，按职能、制造过程或管理程序来区分。控制幅度狭窄，工作专业化程度相当高。在企业内外环境稳定时期，尚不失为一种有效的方式。迄今大多数组织，如果具有庞大的结构、重复的工作，以及稳定的环境，仍然采用科层组织，因为它便于集权控制，能够有效运用组织人力与技术。对于权力拥有者的维持权力控制，更是有利。

提起常山之蛇，就会让人联想到组织初期，工作不标准化、沟通不正式化，一个管理者足以掌握整个组织活动，随时做出重要决定，以便快速因应变动的环境。那时候的组织结构属于简单型，垂直分化少，复杂性低，而且权力集中，一呼十诺，彼此紧密相应。

组织逐渐扩大后，即使下属非常信任总裁，把所有权力都集中在他身上，继续维持简单型组织结构,大家心里也会愈来愈害怕,独揽大权的总裁固然是强人,但他毕竟不是神。强人的时间和精力都是有限的,一旦照顾不过来,或者被某些人蒙蔽,该怎么办?于是垂直分化加上水平分化,部门和层级增加了,结构高度复杂化,不可避免地又变成了机械的科层结构。

不同于机械化的有机组织

当然,有人在科层组织的结构上动脑筋,把共同功能的人员集合在同一部门,垂直分化为制造、营销、会计、人事、研究发展等功能结构,减少人力、物力重复。背景相似的人员一起沟通、协调也比较容易,对于增进工作满足感颇有助益。

这种功能结构适合单一产品的组织。因为产品不同,生产部门的人员势必学习新的技能以因应,其他部门人员也将为产品多样化带来困扰。

于是有人主张,在功能结构外,还可以依据

产品类别来区分,称为产品性结构。每一成员各有其所属产品单位。每一产品单位都是一个独立的责任单位,主管负起全部责任,拥有自己的营销,可以单独应变。但不同产品单位的沟通与合作十分困难,每一产品单位各有生产、营销等功能,人力重复,也是一种浪费。

这样看起来,常山之蛇只能是一条小蛇,才会那么灵活呼应。一旦成为巨蟒,恐怕就会行动迟缓,反应不灵活,像机器蛇一样,做出有计划性的动作。

组织学者终于想出一种不同于机械结构的有机结构,不明确划分直线与幕僚,不清楚厘清职权线。区分部门时,不以效率为主要诉求,却强调弹性创新,拿产品、顾客、通路,或者地理区域等目的来划分。工作专业化程度降低,力求工作扩大化,以符合人性需求。控制幅度加大,并且采取分权制,来快速因应环境的变化。

这种有机的专案结构,为了某些特殊需要,集结不同的专业人才,不拘形式共谋生存与发展,组织富有弹性，而且适应力很强。工作完成，专案随即解散。若是出现新的需求，再重组新的专案。

有机弹性结构借着解决特定问题，把一批具有专业技能的人员组成合作系统，不但减少了彼此间的冲突，而且同舟共济，易于促进结构内的同心协力。

专案组织能不能像常山之蛇那样呼应呢？孙子认为人物和意志才是战力组合的要素，专案结构集结了哪些人？这些人的意志如何？真正能够决定这一专案的合作与应变。

其实，科层结构同样可以脱离机械性而转化为有机性，只要把它颠倒过来，不规则发展，便能够从"倒金字塔"变为"树状组织"。

孙子说："凡治众如治寡，分数是也；斗众如斗寡，形名是也。"凡指挥大部队作战，能像指挥小部队作战那么简单的，是因为具有已定的阵形和明显的旌旗，人可各自为战，虽战百万之兵，如战一夫。

树状组织精神的要点

树状组织最主要的精神在每一位成员都在上级主管支持之下放手去做。正如孙子所说的人可各自为战,不会在紧密相应的阵形中迷失了自己。

管理学者在专业知识与权威统治两个变数之间不断调整,希望具备专业技能的人在合乎人性需求的权威统治下,发挥自己的潜力。任何形态的组织必须达成"治众如治寡"的目的,才是真正的同心协力。组织要像常山之蛇那么灵活有效,至少应该注意下述三点,以收充分发挥组织力之效。

不要强调哪一部门最重要

什么业务挂帅、生产第一、开发领先,或者财务导向,统统不正确。不但在形式上,而且在内心要认定每一部门同等重要,彼此休戚相关。整个组织的运用有如身之使臂,臂之使指。身、臂、指哪一部分都不能发生任何差错,才能够灵活有效。再进一步,认定"组织内每个人都同等重要,缺一不可"，站在平等的立场来评估其是否克尽职责，分出优劣，大家才会心服。

视组织的性质和规模，因时制宜

中国人喜欢常常调整组织，看似因人设事，实际上是因应此时此地的情况，不得不如此。这种人治的作风并没有错。不过总裁的公正与否是成败的关键。总裁的行为公正，大家自然有信心。如果用人一切依照制度，组织的灵活性势必大受影响，两者权衡轻重，总裁究竟要何去何从，应该善作抉择。

采取民主集权制

在人方面，主管的产生要尽量尊重成员的意见，虽然不一定经过选举或推举，但总要诚恳征询大家的看法。在法方面，对于各种规章，尽量放手让成员去创制或复议。但是主管既经决定，下级必须服从，使其有效贯彻命令。法规既经订定，大家都要遵守，不可阳奉阴违或故意违反。上级如有过失，可循正当途径提出申诉，在未判定之前仍应服从。大家养成少数服从多数、多数尊重少数的习惯，使组织成为一个有机体，彼此紧密相应，灵活制宜。

关怀导向以得人心

总裁必须将工作导向变为关怀导向。中华文化重视通情达理，而且中国人普遍感情丰富，凡事如果能够以情为先，由情入理，往往可以收到更大的效果。我们常说"得人心者昌"，而得人心最简便有效的途径即在关心。所以总裁采取关怀导向，得众人之心，才能够领导有方。

西方管理和中国管理都愈来愈强调"爱"，然而西方人的爱，探究和好奇的成分多于关心和照顾。中国人的爱，显然比较侧重关怀和照顾。因为中国人重视交互主义，善于彼此关注和珍重。

西方人喜欢探究，爱好新奇，对东西本身很有兴趣。中国人对一切事物的观察都以对人的关系做基础，出于对人的关心和照顾来看事物有没有艺术价值或应用价值。中国人对于管理的研讨大多也以应用为目的。

管理者向员工讲解管理理论,一定会觉得没什么人爱听,也很少有人相信。管理者有本领把大家动员起来,使大家自动发挥潜力,主动合作,大家自然会肯定管理的效果,对管理者产生信心。这就是中国人"先看到水流,再去找源头"的作风。

中国人依据实用原则,随时留意管理是不是对人有益,当然,免不了进一步关心对自己是不是有利。

总裁的管理理论是不是高深,相信员工并不在乎。然而,总裁能不能以实际的关怀来唤起员工的斗志,大家动员起来,把工作做好,这才是员工所共同欢迎的。

不能牺牲人来完成工作

总裁舍弃工作导向,改为采用关怀导向,便是让员工觉得管理对他具有实际利益。管理不是牺牲人来完成工作，却是关心人、照顾人的一种活动，大家自然乐于接受，不致心存怀疑而排斥或抗拒。

有些人表面上是关怀导向，实际上念念不忘工作，使得管理的效果始终不理想。中国人相当聪明，一眼就能看穿管理者的糖衣政策——把工作的苦药包裹在关怀的蜜糖里面，心里一阵反感，工作就会受到不良影响。

真诚关怀必须抱着"大家坐在同一条船上，彼此利害息息相关"的想法，相信只要我凭良心，你也会凭良心，因此，但求自己尽力，不问对方是否回报，反而容易引起合理的反应。

再说，中国人不崇尚轻易相信别人，动不动就提醒"防人之心不可无"。员工对总裁的关怀，起初未必尽信，至少也会采取相当保留的态度，不会贸然给予太大的信任，以免上当。这时总裁如果自行揭开关怀的假面具，流露出工作导向的神情，使员工觉得原来对我关怀，乃是迫我就范，就更加无效了。

总裁在一柔一刚、一松一紧之际,已经把关怀的人情完全勾销,自然产生不出合理的回应。

关怀的动机必须纯正,既然你是我的同事,我便应该关心你,有办法就要照顾你,对方才会接纳,在心中埋下回应的种子。若是出于"我关心你,你立刻要有良好的表现",或者"我照顾你,你应该凭良心把工作做好",对方自然不领情,甚至以不感谢的心情来承受,产生反效果。

《论语》中说道:"己所不欲,勿施于人。"有些人批评这是消极的做法,要改变为"己所欲,施于人"的方式,才算积极。蒋梦麟先生指出,"中国人基于实际的考虑,还是宁愿采取消极的做法。我也许觉得大蒜味道好,别人却未必有同样的感觉;他们也许像太太小姐怕老鼠一样怕大蒜。如果你不爱好臭味冲天的大蒜,难道你会高兴别人硬塞给你吃吗?不,当然不。那么,你又何必硬塞给别人呢?这是消极的,可是很聪明。因为坚持积极的办法很可能惹出麻烦，消极的作风则可避免许多麻烦"。

关怀并不是讨好，讨好上级是奉承，讨好下属则是溺爱，都不是正当行为。关怀是了解他、适应他，进而改变他，使他走上正道，好好做人又好好做事。不错，最后还是希望他把工作做好，但那是自然的结果，不是唯一的目标。总裁具有这样的心态，最容易增强感应的力量，在重视人的精神下提升生产力。

总裁明白人际疏离的可怕，当然不会倡导个人主义。为了增进员工之间的情谊，必须重视伦理，珍惜人情，在关怀导向的指引下，使员工产生如同一家人的感觉，同舟共济。

总裁要善尽文化责任

总裁的社会责任，在于理智引导员工走向正确的人生大道。让每一阶层的主管人员，在小单位发出光芒，影响整个公司。再由公司发出光芒，影响整个社会。总裁的最大成就应该是把自己的理想和公司的目标结合在一起，同时完成。不应该为了达成公司目标而忘却自己的理想，用自己不愿意或者并不喜爱的方式来对待员工。

有些总裁把利润的一部分，甚至大部分回馈社会。他们平日压榨员工，不把员工当人看，却把压榨得来的金钱充当慈善事业的基金。总裁如果关怀员工，把企业经营和慈善事业结合起来，同时完成，何乐而不为？

大家都知道企业伦理十分重要，企业伦理应该由管理来带动，而不是在管理之外建立企业伦理。总裁首先要认清自己的爱究竟是探究的、好奇的？或者是关心的、照顾的？强调一切求新求变，便是不关心人的表现，新比人更重要是错误的观念。不论新旧，对人有益的才要紧；要不要变，依人的需求来决定，这才是真正的善。

总裁的关怀导向乃是孔子"知其不可而为"的

积极精神。既不可一开始就认定员工都是没有良心的,全都唯利是图;也不可对员工抱很大的希望,认为个个都会凭良心办事。总裁认为应该关怀员工,便热心去做,只问耕耘,不必问收获,把成败得失置之度外,才能产生良好的结果。

总裁的社会责任应该由物质的回馈逐渐提升到文化层次。物质层面通常只能算是经济责任,要善尽社会责任,必须对当地文化有一些贡献。

要对文化做出一些贡献,必须先对文化有一些了解。不要用西方的标准来审视我们自己的文化。

不要过度执着,也不要完全不执着

我们总认为不执着才是对的,似乎执着是不对的。中庸的道理是由不执着到执着都对。应该不执着的时候,就要不执着,叫作"学则不固",做学问的好处是让我们学更多的方案,知道解决问题有许多不同的途径,不致固执一弊。但是,应该执着的时候就执着,才是"择善固执",既然在众多方案中找到最合理的一个,便应该当机立断,做成定案,切实据以执行,才可能获得良好的成果。

有些人认为自己很执着,才有今日的成就。有些人则强调他之所以成功,是由于不执着,具有随机应变的能力。听起来都很有道理,实际上都只触及了道理的一部分,是部分真理而不是完整的道理。

决策过程是由不固执到固执。在没有定案之前,最好多方寻求可能的解答,多一些可供选择的方案比较保险。一旦时机来到,而且已经有了合理或者最起码此时此地最合适的答案,就应该择善固执,把它变成定案,大家才能有所遵循,不会乱掉步伐。

由不固而固,构成决策的动态过程。这中间有个"时"的因素十分重要。"时"未到,不妨暂且"不固",再多方搜集资料,仔细研究判断。"时"一到,就要"固",以免拖拖拉拉,耽误时机。

管理者凭良心，一切决策才可能成为美德；若是不凭良心，所有决策势必悉成恶德。管理离不开人治，这也是一大原因。

组织内判断标准也不是一经树立便永不改变，必须时时调整，以求配合时空变迁。这种判断标准说起来是企业文化的重要骨干，企业内风尚的变易，主要来自判断标准的迁移。

一旦站在安人的基本立场，管理者就能够"有定"，即决策有了定向。管理者面对若干不同方案时，用安或不安来评估，自然容易选择方案。以企业为例，分别以股东的安、员工的安、顾客的安，以及社会大众的安为定向，便不难合理评估各种方案的利弊得失。

管理者掌握定向，心不妄动，面对有关资讯，不致心慌意乱而不知所措，所以能静，即心不妄动。静心研究各种资讯的时候，由于心中存有安的准绳，一切依据安或不安来分析。管理者胸有成竹，自然能安，也就能做到所处而安。

管理者自身能安，生活正常，情绪平稳，才有周详思虑的可能，所以能虑，多方面兼顾。既能思考周详，必能找出适当的安人决策，便是能得，得到最能够安人的良策。

决策再科学化，如果不能安人，势必遭遇众人抗拒。就算借助"公听会"或中介人士，也将出现议论纷纷、莫衷一是的场面。

"知止"是设立决策的目标，亦即找寻做决策的理由。"有定"是假设决策所能达成的情况，也就是构想决策达成时的远景。"能静"指潜心研究有关资讯，即发掘一些可能的方案。"能安"是安心地判断所用资讯的正确性，避免因紧张不安而误导误判。"能虑"为分析、判断各种方案。"能得"是获得可行的安人良策，包括评估过去的选择。

合理的决策，大家自然心服。然而，合理不合理不容易判定。往往公说公有理，婆说婆有理，因此很容易引起争讼。

管理者把事物真理穷究明彻，自然能够达成合理的决策。

有些人认为现代知识爆发,根本不可能了解所有事物,这话没有错。管理者不可能了解所有事物,却有必要掌握所有事物的共同性理。如果把握不住,就难怪自相矛盾、无法贯通了。

由于自己无法了解所有事物,管理者必须以大公无私的仁心来重用人才。大学说:"见贤而不能举,举而不能先,命也。见不善而不能退,退而不能远,过也。"管理者为求合理突破两难,必须知人、识人又有肚量用人,以求群策群力,获得安人的良好决策,这又是管理离不开人治的一大理由。

管理者如果自矜自大、奢侈放肆,便很难做出合理的决策,因为自见不明,又不能容纳众人观点,必然有所偏颇。管理者必须尽己为众,顺物成事,一切才能合理。一方面增益德望,一方面多方听取大家的意见,然后诚心诚意,以安人为标准,达成合理的突破。

时时保持合理心态

以合理为决策标准

总裁对于天下一切事情,最好不要认为是绝对可以,也不认为是绝对不可以,完全依据其适用得合宜与否来评定其可与不可。

总裁的决策不要定不变的标准,不要认为非如此不可,应该审视当时的状况,选择最合理的方案。决策的标准就是合理。一切求合理,便是最好的管理,所以是变动性的。

孔子说:"学则不固。"管理者到处学习管理法则或工具,并不听到就相信、学会就记住,只是又多了一种方案使自己更加不拘泥固执。

总裁知道更多的管理理论,学习更多的管理工具,会得到更多的方案,如果脱离了现实时空,根本不知道哪种方案是最合理的。一旦面临抉择的时机,就应该择善固执,选择其中最为合理的方案来加以执着。

总裁抱持孔子所说"绝四"的决策态度,遭遇任何问题,都应该"毋意、毋必、毋固、毋我"(见表10-1)。不任意测度,不任意规定,不任意固执,

表 10-1 "绝四"的决策态度

毋意	不任意测度,并不是不做预测。测度指没有实在的经验,仅凭自认有关而未必真正有关的资料或讯息来推测,结果不一定可信。不一定可信而据以决策,十分危险
毋必	不任意规定,并不是不规定。规定意指必须如此,不任意规定是不要以自己的规定来强人所难。换句话说:可以规定,但是不要未经协调就坚持,以免规定得不合理,妨害了决策的正确性。先交换意见,再做一些规定,显然比较合理
毋固	不任意固执,并不是不固执。管理者不固执,有好有坏。一开始便固执,简直是顽固,一点不开通。临事也不固执,便是怕负责任,缺乏担当。由此证明,先不固执而后固执,是合理的做法
毋我	不专事利己,并不是完全不自私。因为"人不自私,天诛地灭",利己性动机是人的本性之一,所以毋我只是自私到合理而不过分

也不任意依私心来做决定。比较容易听取他人意见，依据各方情报资料，达成比较合理的决策。

毋我是毋意、毋必、毋固的根源，管理者不专事利己，才有可能做好决策。

合理决策

合理决策是全世界管理者的共同目标。中国人的合理主义是唯精唯一，在众多原则中把握一个变动的原理。我们的哲学家并不热衷于唯心或唯物的争论，乐于谈论"心物合一"。有关知行的问题也归结为"知行合一"；天人之间，也是"天人合一"。既然全世界的一切都在变动之中，管理当然要有制度，但是执行时应该有弹性，才能够符合"时中"精神。"时中"就是"此时此地最合理"，表示合理与否离不开时空条件，所以是变动不居的。

中国人认为多数应该感应少数，化阻力为助力，才是上策。多数人既不要超越少数人，以免少数人心中怀恨,暗中阻挠。多数人也无法协调少数人,因为这样一来少数人会养成讨价还价的习惯,势必很难达成合理协议。

感应是看不见、摸不着,却实际存在的力量。通俗的说法叫作彼此彼此,是一种人与人之间互动的力量。通过彼此互动,找到合理的决策。

决策前有诸多方案,决策后是唯一定案,这种由多而一,由不固而固的过程,必须将心比心,才能够顺利找到合理的解决方案。

中国人擅长乱中有理

有些人喜欢说美国式管理,因为架构分明,条理清晰。也有些人喜欢说日本式管理,因为特色明显,容易说得清楚。不太提中国式管理的人,多半是认为其杂乱不堪,不容易看出道理,因此很难清楚勾画出它的真正面貌。一不小心就会说得似是而非。

乱中有理

中国式管理的要求比较苛刻,不希望组织成员紧张忙碌,也不希望大家辛苦劳累,却希望能够做出更好的成果来。美国人总认为速度要快,业绩才会高,所以无法避免紧张忙碌。结果是改善了,过程充满挫折感。多少人的沮丧才造就了少数人的成就。日本人强调团体意识,压抑个人表现。整体工作如果没有完成,每个人都不知道自己的工作是否完毕,必须长期耗费体力,以期有始有终。因此成员疲乏劳累,似乎不可避免。

我国先哲当然明白速度、业绩、团队、合作都非常重要,却更进一步体会和认知这些因素不提便罢,一提便形成心理压力,带来许多无谓的后遗症。

工作的时候如果忘记速度的要求。就算做得再快,也不会觉得承受了什么压力。若是一心惦记必须达到某种速度,心理上压力就会很大。压力是一种心理作用。要解除压力,必须从心理上来调整。

逃避是不可能的，只能调整心态来因应。调整的方法说起来简单，就是适当转移注意力。

当我们留意某一问题时，这个问题很容易由于过分突出而成为焦点。一旦成为焦点问题，反而很难以平常心来面对它和解决它。唯有稍微冷却的情景下，一切趋于平静，方有利于协调和沟通。

彼此都很紧张，势必动辄得咎。各人立场不一样，想法也不相同。大家都很关心，生怕发生任何差错。这种情况谁也不敢做主，哪里谈得上解决问题？

中国人是心理专家，善于掌握对方的心理。我们不是心理理论家，反而道道地地是心理实用家。我们时时不忘攻心为上，一切作为都是针对心理作用而来。

获得组织成员的认同

首先，管理必须获得组织成员的认同才能发生作用，收到预期的效果。希望获得大家的认同，最要紧的是不能惊动大家，让他们警觉到将会吃亏，引起大家的抗拒。特别是中国人，不会天真地就事论事提出申诉，多半喜欢拐弯抹角，拿比较动听的理由来掩盖害怕吃亏的心理。中国人说出来的理由，大多冠冕堂皇，实则另有打算，只是不便明说。

为了避免"假借光明正大的借口"来反对管理的措施，最好在开始之初，就采取"不打草惊蛇"的策略，让大家不至于马上抗拒。于是我们研究出一套"试探的变动模式"。

同样一句话，中国人有几种不同的表达方式。同样一种心态，也必须随时调整表现方法。

运用"试探的变动模式"

"试探的变动模式"运用起来，显然不如单刀直入的固定模式明晰而确定，因此一定带有混乱的味道。中国人看起来很"乱"，原因是喜欢用各种不同的方式试探对方的心理。

如果不乱可不可以？当然可以。只是限制条件相当严格，必须彼此有十分密切而良好的关系，特别注意，密切和良好这两种关系缺一不可。关系既密切又良好，尽管放心单刀直入，不必经由试探阶段。但是关系可能变化，一旦密切而良好的关系变质，好意就会变成恶意。亲密的同志变成敌人，那才最为可怕。中国人就算关系再密切、再良好，有事情也避免开门见山，是为了长期利害着想。

阅历少、经验浅的人，难免看不惯这套乱七八糟的手法。多吃亏、常上当之后，就会明白乱的后面暗藏着十分正确的道理。

有公司宣布实施无纸化办公，引起了众人的猜疑与抗拒，不但增加了许多无谓的困扰，而且造成了专业人员的孤立无援。换一种方式，先若无其事地激发大家学习电脑的兴趣，有整体计划却没有具体显示，表面上零零落落地进行，到了成熟的时机，再水到渠成地全盘呈现，是不是阻力最小而功效最大？这种方式初看起来很乱，似乎毫无计划，一点都不像管理，简直在打乱仗。

看不清楚中国式管理的人，指称中国式管理

根本就是打乱仗,他们只看到了"乱"的表面,没有体会到"理"的实质。中国式管理必须"乱中有理",才能真正命中众人的心理,达到预期目标。

乱是为了不惊动大家、不引起众人盲目的抗拒。乱是运用关心来打动大家的心,使众人自发认同组织的目标。

乱得没有道理,只有死路一条。不要乱,一开始便讲道理,谁有胜算的把握?因为"理不易明",道理不是那么简单明了,三两句话就能说明白的。

乱到合理便是由情入理

一天到晚讲道理,哪有时间工作?大部分精力都耗费在沟通上面,效率怎能提高?乱中有理,才是我们追求的目标,也是理想的境地。管理要求在轻松愉快的气氛中把工作做好,便不能太严肃,增加大家的心理压力。也不必把人当作机器或物料看待,消除一切情绪化反应,还有什么乐趣可言?乱是情的表现,乱到合理的地步,便是由情入理,乃是说明道理的最佳途径。

管理者最好有乱中取胜的心理准备，才能充分掌握众人心理，表现出大家喜欢的亲和力，做到合乎人性需求的人性化管理。

不遵守常规而灵巧解决当前问题

中国式管理既然特别注重变动性，便离不开不遵守常规而灵巧地解决当前问题的特质。不遵守常规不是没有常规，或者完全忽视常规。我们应该重视常规，把它当作共识，成为不易的"经"，才有办法做到乱中有理。一切管理措施，实际上都环绕着常规随时调整，因为谁也不敢离经叛道，成为公众的敌人。

但是情势瞬息万变，为了适当应变，几乎所有管理措施都在不断改变。由于中国人多少带点出奇制胜的灵巧性，所以从表面上看混乱，简直没有秩序可言。

大家心目中都有常规，常规确立后，又必须配合不确定的情势，产生不同的因应。这也是管理的最佳状态：寻找此时此地最合适的决策。从这一角度看来，说中国人最懂得管理，有何不宜？

管理者的变动性便表现在：第一，把若干问题消灭于无形，使其看不出有问题；第二，把若干问题引发出来，让大家去忙，然后提出解决方案，很快予以解决；第三，同时留下一些问题不去解决，让成员集中注意力，以消耗多余的精神和时间。

乱中取胜

管理的功能主要在促成众人分工合作。各行各业都有赖于成员分工，分工后才能进一步讲求专精。但是专精的结果，实在很难沟通。加上中国人"你看不起我，我也看不起你"的心态，构成了合作的障碍，到处弥漫着"本位主义"气息。

分工是分，合作是合。这一分一合的作用是互动的，也是持续的，更是循环往复的。不是先分后合，不是先合后分，而是分中有合，合中有分。西方管理一直要求分合条理化，因此失掉了灵活性。机械化管理不受欢迎，已经是不争的事实。

中国人拿手的变动性，按理可以有效分工合

作，为什么反而表现得令人不满呢？答案并不难找，长久以来，我们实施西方式教育，教出来的中国人用中国话说一套西方观念，心里想的又是地道的中国思想，是"口是心非"的"矛盾人"。更糟糕的是，很多人搞不清楚自己心里想的那一套，只听见嘴上说的那一套，便相信自己果真像说的那样想，陷入矛盾而不自知，看不惯社会上的一切，走向偏激，自己痛苦，也危害他人。

按照中国人的道理来乱中取胜，则中国式管理非但不落伍，反而非常切合人性，也能发挥宏大效力。

管理者一方面不要放弃变动性，持续"运用之妙，存乎一心"。一方面也不可以讨厌他人的变动性，甚至限制他人的灵巧应变。我们必须承认既然都是中国人，具有灵活变动的潜力，愈加以限制，将来反动起来愈难收拾，不如顺应变动的民族性，善为诱导，使其不知不觉中走向预期目标。

乱成一团，彼此合理

成员的心态是乱的主因，有事吵吵闹闹，无事胡乱批评。管理者要求不乱，势必疲于奔命。成员的希望是没有止境的，好了还要求更好，快了还要求更快。管理者样样求好求快，不累死才怪。何况有些问题解决后会引发更多问题。许多人抱怨工作过分忙碌，却又认为真的有那么多的工作要做，最后俯首接受忙碌的事实。

既然无法要求大家不乱，便只好希望大家乱得有道理。大家乱成一团，彼此都合理，这也是中国式管理乍看起来乱七八糟，却愈看愈有道理的缘由。

在灵巧变化中分工合作，圆满达成目标

管理者必须了解，不可以真正乱来。凡是存心要乱，结果必然失败，可以说无一幸免。管理者的乱是通过感性的活动来打动大家的心，先求心连心，再求手拉手、肩并肩，才能发挥变动性，在灵巧变化中分工合作，圆满达成目标。

"乱"字不好听，我们改用"情"字。"情"是人之常情，与生俱来的，是人性的一部分。实施人性化管理不可不重视对"情"的把握。

"情"是情感,有情感就有冲动。冲动起来往往很难用理智控制,显得十分可怕。但是,冲动也是行动的支持力量,有冲动力才有全力以赴的可能。

冲动有盲目性,这是令人担心的。不过,我们又希望成员好好表现,缺乏冲动似乎就不起劲。当然,最佳状况是又冲动又不盲目,直接冲向目标。可惜这种情形不常见,因为这种人必须具有高尚的道德修养,单凭专精的知识和高强的能力是做不到的。我们不能一方面不重视道德修养,不相信良心价值,一方面一厢情愿地要求成员理智敬业。

如果可能的话,我们早就放下心了,用不着一直到今天还批评中国人不专心、不合作。

冲动多半是盲目的,而人有情感,又容易冲动,所以有人的地方,必然有乱象,面对这种情况,根本用不着害怕,更不必硬加束缚。

动之以情,让大家不知不觉冲向既定目标

管理者必须善用成员行动,让大家不知不觉冲向既定目标。动之以情,便成为管理的先决条件,即以"情"做管理的诱导,更合乎人性。

情是人情的趋向,顺着人情的趋向来管理,阻力最小,冲动力最大。难在它可以为善,也可以为恶。诱导为善则善,诱导为恶则恶。何去何从要看管理者的真本领。

人而无情,何以为人?没有情感的人,怎么去管理别人?又怎么接受别人的管理?

情会乱,令人望而生畏,但是,情去得掉吗?如果去掉了,不是更加可怕吗?无情的人,你敢和他共事吗?无情的人,你敢和他合作吗?无情的人,会领情吗?会守法吗?会讲理吗?

西方人很少谈及情的管理,中国式管理不但不怕情,反而善于把情当作诱导台。

乱得有理就不必害怕

乱得有理就不见得不好,值得适度保持。以书店为例,把一堆书掀得零乱,引起顾客青睐,围观选购,是一种促销的手段。年轻人的头发看起来很凌乱,实际上大多经过细心处理,乱得很自然,即乱得有理。

管得乱七八糟,居然年年赚钱

学管理的人常常觉得很奇怪,某些公司管得乱七八糟,居然年年赚钱?而有些公司管理十分上轨道,员工却纷纷跳槽他去,问起原因,竟然是气氛太单调乏味,缺乏变化性,实际则是因为这样的公司没有什么人情味,留不住人。

动而不乱

中国人非常重视是非,但是非分明的主管往往会掉入众叛亲离的悲惨陷阱,因为是非难明,加以中国人十分机灵,很容易用投其所好来欺瞒主管,使主管用不明的是非来判断是非,造成所谓忠不忠、贤不贤的颠倒是非,徒然"亲者痛、仇者快"。

管理者应该是非分明,但是先决条件是真的分清是非,否则众人敢怒不敢言,势必怨气冲天。有朝一日敢怒又敢言，后果更加不堪设想。

依据阴阳文化，总裁最好不要一开始坚持是非分明，或者不要是非分明。两者选其一是西方二元论的思考方式，很难切合中国社会的实际情况。我们的态度是应该是非分明的时候，要是非分明；无法是非分明的时候，就不要是非分明。

总裁务须小心谨慎，因为变动性的态度很容易招人议论，认为其缺乏标准，简直自由心证，爱怎样就怎样，哪里还有制度可言？

乱得有理便不是乱，我们换一种说法，称为动而不乱，会不会动听一些？听起来也安心。动而不乱表示动得有道理，而非乱动。动是必要的，不动什么工作都完成不了。动得有理，就没有乱的感觉。管理的效果，即在使组织成员动而不乱。分工合作得有计划、有目标，便是动而不乱。但是，中国人很容易看自己是动，看别人是在乱，所以在心理上，应该有就算再乱，也乱得有其道理的雅量，比较能够以平常心来对待他人。

孔子说:"可与立,未可与权。""立"指坚守常规,"权"指为详察情势的利害而权宜应变。"可与权"难于"可与立",因为用来"立"的是不易的"经",即"有形有迹,具体可见"的常规;而用以"权"的,则为"没有定形,随时变迁"的合理变更。对于某些确定事项,管理者当然要依照不易的常规来处理,不可以任意改变。至于不确定事项,管理者必然要因时制宜,采取合理的权宜措施。由于不确定事项往往多于确定事项,因此管理者常被认为位置愈高,愈喜欢变来变去。如果把这个道理说清楚,大家就比较容易接受乱得有理的事实了。

乱得无理要依法来管

管理必须制度化,所以一定要有制度。问题是什么叫制度?用现代社会科学的行动论来看,制度是组织成员内化了的各种规律。组织内的各分子都一致认为应该如此。这些公认应该如此的规定便是制度。大家都尊重的制度，才是真正的制度。

制度是动而不乱的标准

任何组织都离不开分工合作，制度正是组织成员分工合作的基本规范。没有制度，就失去了动而不乱的标准，根本没办法分辨究竟是乱中有理还是乱得无理。虽然说制度本身也具有变动性，毕竟有其不易的常规，不容忽视。

制度如此重要，我们也十分重视。任何组织必定有其制度。然而，到处都抱怨没有制度，或者不够尊重制度，又是什么道理？原来制度要得到大家的认同，才能够获得普遍尊重。一个组织如果从外面搬来一套制度，就很难获得大家的认可。扩大来说，组织建立的制度，若是不能配合大环境文化，恐怕也很不容易得到成员肯定。

人类学者指出，生产落后的民族，要想改善生活条件，必须在尊重和维持其固有的文化系统下，逐渐接受科学知识和工艺技术，才能够安稳地走上进步的路。管理当然也应该承袭民族文化中的基本观念,依据当前实际需要,逐步建立组织成员所能认同的制度。

依据成员基本价值系统建立组织制度

组织要建立制度,必须肯定成员的基本价值系统,依据大家能够接受的基本观念,获得大家的支持,发挥应有的力量。

总裁应当有远大理想,希望把组织成员带向更为美好的境地。但是过程的合理化则是理想能否达成的主要症结所在。第一,要顺应大环境的价值观念,使成员接受。第二、逐渐潜移默化,调整成员的想法。最后才提出理想,使大家心悦诚服地认同。

中西方对于法的观感不同

制度可以说是法的具体化。中西方对于法的观感不同,也是管理者应该明辨的。我国对于权利和自由向来不如西方人那么热烈地强调和关切。中国人的观点,法只是道德规律的辅助工具。道德修养良好的人似乎不需要用法律来约束。由于防止道德修养不好的人,做出违反道德的事情,几乎以刑罚作为法律的主要内容,使我们产生"法是约束坏人的,好人可以不去管"的错觉。

西方从《罗马法》开始,法就具有独立的地位。他们认为权利是属于个人的,法律是保护个人权利的工具,所以《罗马法》最重要的是责权法,尤其是契约法。整个西方社会十分重视彼此的权利义务。

现代中国人当然不可能完全保留固有的法律观。债权、契约也愈来愈重要,我们不能不从义务观点转移为权利观点,因此到处都有人在提醒我们:不要让自己的权利睡着了!然而,当一个人开始注意权利时,我们是否希望他不要忘记他应尽的义务?组织成员如果保留"知足、安分、守己"的价值观念,我们是否希望他继续维持下去?答案应该都是肯定的。

凡是以伦常关系为主的成员多半比较重视道德

修养，我们只要适当给予尊重，大致能唤起他们的自律，使其自动自发，依据制度办事。至于不知自爱、不能自律的人，我们也不能任其破坏法纪，因此依法惩罚，不容姑息。

法的重要性，一在合理，一在切实执行。不合理的制度大家不容易认同。中国人又不愿意明目张胆地反对，却都心里有数，甚至不把制度放在眼里。等依法处置时，再理直气壮地提出辩解。如果制度没有切实执行，那就让它若有若无地存在着就可以，反正不产生实际作用。

制度是否有效取决于是否得人心

中国式管理中制度有没有效？大家能不能认同？几乎都取决于合理这一标准。合理的制度，就算有少数人有意破坏，也可以强制执行，用不着顾虑。不合理的制度，必须设法调整，否则一意孤行，势必会众叛亲离。

由于合理与否实际上很难说，所以能否得到大家的认同，取决于得人心与否。得人心，大家高喊合理；不得人心，就乱叫不合理。再怎样倡导法治，也无法摆脱人治。最好是寓法治于人治，法毕竟由人制订，由人执行。

总裁希望制度有效推行，必须尽量少说规定如何如何，以免愈说得多，大家愈怀疑原来制度对管理者有利，怪不得天天强调要大家遵守制度。管理者把制度放在肚子里，当作腹案。嘴上说情，才能得人心、好办事。有些人误认为这种做法不是讨好，便是虚伪，其实都不是。真正的中国功夫便是既不讨好，又不虚伪，却能够得到大家的心，这才叫艺术。

和好而不讨好，圆通而不虚伪，管理者存心诚正，一心要大家共同遵守制度，因为任何成员如果乱得无理，都需依法处置。但是，去做就是，说那么多有什么用？用实际行动依法去管乱得无理的人才合乎管理的要求。

后记

总裁的命运由自己控制

要不要当总裁?决定权在自己手中。不必因为大家的期许与鼓励,便非当不可。不能由于一时激动,为了争口气,硬要当总裁。不需要一时遇不着好总裁就决定要自己当,尤其不能盲目顺应潮流,当上总裁。

希望成为什么样的总裁,同样由自己决定。要甘要苦?先甘后苦、先苦后甘?悉听尊便。

社会上那么多总裁,可以当作借鉴。

有些人赚大钱却只能在牢狱中度余生；有些人财禄丰厚，却被不肖子孙弄得身败名裂，大半生辛劳所得付诸流水；有些人名利双收，却过着富有却茫然的日子；有些人虚有其名；有些人好大喜功，盲目扩大规模，亏损累累。

没有哪位总裁存心整垮自己，只是不明白实力和处境，才会做出错误的决策。

总裁的命运是自己一连串抉择的结果。总裁的命运，有个不变的大前提，就是顺天应人，替天行道。天道尚无，总裁必须懂得无为的道理，来达成无不为的理想。其实无为并不是不动，也不是西方的自然主义。总裁崇尚虚静不争，依照"不禁其性、不塞其源"的道理，使下属自动自发获得正常发展。

总裁要能舍才能得

顺天应人，最要紧的是分清楚：应该做的和不应该做的。唯有舍弃不应该做的，才能够得到应该做的良好效果。

总裁不应该独断独行,不可以事必躬亲,不能够纵容亲信,不应该鼓励对立,不可以迫害功臣,也不能冤枉好人,而这些偏偏是很多总裁有意无意常犯的错误。

身为总裁,应该不多讲大家便能体会,不多做大家便能努力,不多管大家便能自动,不授权大家便能尽责,不紧张大家便能快速,不发威大家便能警惕。事实上,有些总裁就缺少这些能耐,却反过来责怪大家不如他意。

总裁最困难的事情是知人善任。知人之前又必须知己,所以总裁具有自知之明,才能够知人善任。

遇到任何事情,总裁第一时间想到的不应该是怎么去做,而应该是让什么人去做。总裁不必去处理事,却必须把它交给合适的人处理。找对人,让他自动自发去解决,则事必顺成。

有些总裁舍不得授权,不能够放心,没有条件放手,终于累坏了自己,也拖垮企业。舍得让下属表现,舍得让大家分享利益,也舍得回馈社会,更舍得礼贤下士，这样的总裁，才能得人，因而成事。

知才、觅才、聘才、任才、留才、育才、用才和尽才是总裁最大的本领。这一连串与人有关的学问，必须虚心求取，勤而行之。

总裁好不容易打出天下，千万不要轻易败亡，拱手让人。在事业发展旺盛时期，总裁及时让贤退休，或者交给合适的人顺利接班。这种出乎自愿的"禅让"，值得赞美，也值得学习。

总裁希望立于不败之地，首先要礼遇顾问。因为"旁观者清，当局者迷"，总裁对于自己的处境往往弄不清楚。要掌握时势，不是要投机取巧。总裁应该有自己的理念。总裁不必拘泥于层层节制的形式，可以越过中坚干部表现一些"亲民"作风。唯有亲近基层，不高高在上，才能深入基层，迅速掌握现场变化。

总裁各方面兼顾并重，自然立于不败之地。